Q&A 不動産オーナーの相続対策

|遺産分割対策|納税資金対策|相続税対策|

辻・本郷 税理士法人
税理士 伊藤 健司 著

税務経理協会

は し が き

本書は，特に不動産オーナーを中心とした相続対策について，「経営者」と「地主」に分け，基礎的な内容を，できるだけ平易に解説しています。

弊法人は，相続税の申告件数が年間2,000件（2019年度実績）を超えました。あわせて，相続発生前の相続対策についても相談が増えていますが，相談内容は，大きく分けて①納税資金，②遺産分割，③相続税対策の3つです。本書ではその3つのポイントごとに整理をして，Q&A方式で作成していますので，これから相続対策を検討しようとする方や，そのような方に提案しようとする税理士向けの内容となっています。

相続税は他の税金と比較して特殊な部分があります。本人ではなく，遺された遺族等に申告義務があり，税金がかかるという点です。これまで何度も相続税の税務調査に立ち会っていますが，本人不在の中，本人の生い立ち・本人の収入・本人の財産などについて議論をするのは今でも違和感があります。本人でも忘れているようなことを，果たして遺族がどの程度分かるのでしょうか。相続税も本人が生前のうちに自己申告することができる「予定納税」のような仕組みを作った方がよいのではないかと思ってしまいます。

それはさておき，現行法ではそのような仕組みがない以上，相続税については生前に対策すべきことが多くあります。本書がそのような対策が必要な方にとってお役に立てれば幸いです。

最後になりましたが，税務経理協会の吉冨智子氏と中村謙一氏には，本書の刊行に当たり多大なるご尽力をいただきました。この場を借りて御礼申し上げます。

2020 年 3 月

伊藤　健司

CONTENTS

第3編　地主等が不動産を所有する場合

第1編
不動産を所有する場合の相続対策

Q1　不動産を所有する場合の相続対策の全体像

事例

相続対策は色々な方法があると思いますが，その全体像とポイントを教えてください。特に不動産に関する対策を中心に教えてください。

解説

相続対策で重要なポイントは，①納税資金対策と②遺産分割対策である。その2点に問題がないようであれば，③相続税対策を検討するという考え方が順序として望ましいといえる。

不動産に関しては，納税資金と遺産分割という観点からは非常に扱いにくい資産といえる。具体的な考え方については後述するが，その概要について説明をする。

1　納税資金対策

納税資金対策とは，相続税の納税は相続開始時から10か月以内に金銭で一括して納付することが原則であるため，相続が発生した場合に納税ができるかどうかを生前に検討することをいう。

ただし，実際に納税資金対策が必要な納税者というのは限られているといえる。下記に財務省のデータを掲載する。

【相続税の合計課税価格階級別の課税状況等（平成 29 年分）】

合計課税価格階級区分	件数		納付税額		平均課税価格(a)	平均納付税額(b)	負担割合(b)／(a)
	件数	累積割合	税額	累積割合			
	件	%	億円	%	万円	万円	%
～5 千万円	10,189	9.1	64	0.3	4,438	63	1.4
～1 億円	56,180	59.4	1,392	7.2	7,114	248	3.5
～2 億円	29,538	85.8	3,290	23.5	13,703	1,114	8.1
～3 億円	7,782	92.8	2,428	35.5	24,077	3,119	13
～5 億円	4,766	97.1	3,146	51.1	37,739	6,600	17.5
～7 億円	1,575	98.5	2,024	61.2	58,687	12,851	21.9
～10 億円	872	99.3	1,790	70	82,755	20,525	24.8
～20 億円	632	99.8	2,419	82	133,415	38,272	28.7
～100 億円	178	99.9	2,000	91.9	308,390	112,339	36.4
100 億円超	16	100	1,633	100	2,384,419	1,020,581	42.8
合計	111,728		20,185		13,952	1,807	12.9

（出典：財務省 「相続税・贈与税に係る基本的計数に関する資料」）

これは相続税の課税価格の階層別のデータであるが，概ね課税価格が 1 億円までが累計で 59.4%，3 億円までが累計で 92.8%となっており，3 億円までの平均納付税額が 3,119 万円で負担割合が 13% となっている。つまり，3 億円くらいまでの財産額で，全財産のうち現預金等の割合が 13% 以上あれば，金銭納付が困難になることは考えにくいことになる。

よって，本来の意味での納税資金対策が必要なのは，かなりの資産を持っている方に限られるということになるが，納税資金が足りている場合であっても，以下の考え方を持つべきと考える。

□　遺産分割によっては，全体の相続税に対して納税資金が足りていたとしても，個別の納税資金が足りなくなっていないか？

→不動産オーナーの場合，後継者である子 A が不動産，非後継者である子 B が現預金を相続することにより子 A の納税資金が足りないといったケースが考えられる。

□ 相続税対策に回せる資金がどのくらいあるかを把握しているか？

→納税資金が足りているから相続対策は終了ではなく，相続税の対策ができないかを検討すべきと考える。

2 遺産分割対策

遺産分割対策とは，遺産を相続人等に対してどのように分割するかについて，生前に検討することである。ただし，「1納税資金対策」とは異なり，遺産額の大小にかかわらず，争いになるケースは起こりうるといえる。下記裁判所のデータより，調停になった件数のうち，遺産の価額別の一覧を掲載する。

【遺産分割事件のうち認容・調停成立件数】

遺産の価額	総数	1000万円以下	5000万円以下	1億円以下	5億円以下	5億円を超える	算定不能・不詳
総数	7,578	2,508	3,259	833	533	53	392
代理人弁護士の関与	有	1000万円以下	5000万円以下	1億円以下	5億円以下	5億円を超える	算定不能・不詳
	6,294	1,918	2,727	749	506	53	341
代理人弁護士の関与	無	1000万円以下	5000万円以下	1億円以下	5億円以下	5億円を超える	算定不能・不詳
	1,284	590	532	84	27	—	51

（出典：裁判所司法統計　家事平成30年度より抜粋）

全体の件数7,578件に対して，財産額が5,000万円以下の件数が5,767件となっている。5,000万円以下の場合，相続税の基礎控除以下になる可能性もあるが，相続税対策は必要ないケースであっても，遺産分割対策は必要になるといえる。

遺産分割対策の一般的な方法は，遺言を書くこと，生前贈与をすること，生命保険に加入することが挙げられる。重要なポイントとなるのは，下記の点である。

□　遺留分を侵害しないようにすること

→不動産オーナーの場合，後継者に不動産が集中してしまうため，非後継者に対して遺留分を侵害してしまう場合が考えられる。

□　相続税の納税資金を考慮すること

3　相続税対策

相続税対策とは，生前に将来の相続税の納税額を抑えるために行うものである。上記「❶納税資金対策」と「❷遺産分割対策」の方が重要と考えられるが，❶と❷の対策ができている場合（❶と❷の実行により連動する場合もあるが）には相続税対策を進めるという考え方となる。大きくは下記の２つの方法に分けられる。

□　財産を移転する方法

生前贈与，資産管理会社への出資，財団の設立などが挙げられる。

□　資産の組み換えをする方法

生命保険への加入（非課税枠内），アパートの建築，投資物件の取得などが挙げられる。

いずれにしても❶と❷の対策を中心に検討し，トータルの財産バランスを踏まえて検討すべきであると考える。

Q2 相続税額の試算方法

事例

相続対策を実施するためには，相続税の試算をすべきとアドバイスをもらったことがあるが，具体的にはどういったことをすべきでしょうか？

相続税の仕組みと具体的な相続税試算の方法について教えてください。

解説

相続税の試算は，生前に財産目録を作成し，納税資金と遺産分割について検討を進めることが重要と考える。

1 相続税の計算方法

相続税はすべての財産をすべての相続人が法定相続分で相続したものとみなして総額が計算されるため，相続税を計算するためには，対象者のすべての財産と相続人の確定が必要となる。また，各人の相続税額は相続税の総額を各人の相続した財産の割合に応じて割り振るため，各人の相続税額を算定するためには，誰がどの財産を引き継ぐか，ということが重要なポイントとなる。

また，配偶者の税額軽減がどのくらい受けられるか，小規模宅地等の特例の適用があるか，については，遺産分割により決まるため，慎重な検討が必要となる。

【相続税の計算構造】

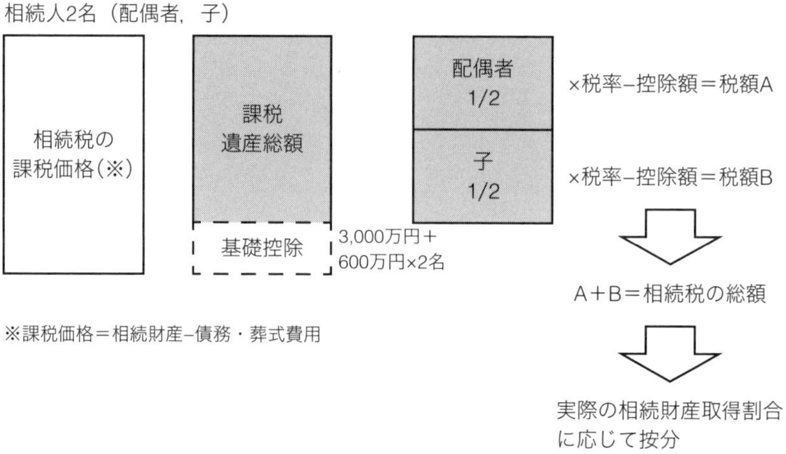

2　具体的な相続税試算の方法

相続税の試算をするためには，まず対象者の財産目録を作成する必要がある。フォーマットは問わないが，下記のような財産目録を作成したとする。

＜前提＞

・将来の推定相続人：配偶者，長男（別居），長女（別居）

・財産：不動産1億5,600万円（自宅・賃貸物件），非上場株式5,500万円（2社），金融資産7,900万円，生命保険1,000万円

・上記財産に対する相続税の総額：5,720万円

【財産目録】

（単位：千円）

相続財産の内容								相続人			備考
No.		種類	財産形態	数量等	持分	所在地等	相続税評価額	配偶者	長男	長女	
1	1	土地	自宅	150.00m^2	1		100,000				
			小規模宅地等の特例による減額				0				
	2		貸家建付地	100.00m^2	1		50,000				
			小規模宅地等の特例による減額				0				
		小計					150,000	0	0	0	
2	1	建物	自宅	130m^2	1		3,000				
	2		貸家	100m^2	1		3,000				
		小計					6,000	0	0	0	
3	1	非上場株式	○○印刷	1,000 株			50,000				
	2		○○不動産	500 株			5,000				
		小計					55,000	0	0	0	
4	1	上場株式	○○株式会社	1,000 株		××証券	3,000				
		小計					3,000	0	0	0	
5	1	証券投資信託	○○	1,000 口		××証券	1,000				
		小計					1,000	0	0	0	
6	1	預貯金	普通預金			○○銀行	50,000				
	2		定期預金			○○銀行	10,000				
	3		定期預金			○○銀行	10,000				
	4		通常貯金			□□銀行	5,000				
		小計					75,000	0	0	0	
7	1	生命保険金				○○生命	5,000				
	2					□□生命	5,000				
		小計					10,000	0	0	0	
8	1	その他の財産									
	2		家庭用財産								
		小計					0	0	0	0	
9	1	債務	未払金 等								
		小計					0	0	0	0	
10	1	葬式費用	葬儀費用 等						0		
		小計					0	0	0	0	
相続財産合計額							300,000	0	0	0	
取得割合								0.00%	0.00%	0.00%	
相続税額（百円未満切捨）							57,200				

本件を検証すると，納税資金については，相続税の総額 5,720 万円に対して，金融資産＋生命保険で 8,900 万円あるため足りていると思われるが，各人の納税が足りるかどうかを踏まえて検討する必要がある。

特例について，小規模宅地等の特例は，自宅に同居しているのが配偶者のみであるため，特定居住用の80％減額を受けられるのは配偶者が自宅を相続したときに限られる。また，生命保険金については，非課税枠が 500 万円×3 人＝1,500万円まであるため，さらに500万円加入することも検討することができる。

非上場株式については，後継者が相続すべきと考えられるが，本件は長男が○○印刷を，長女が○○不動産を承継することになっていると仮定する。なお，長男が事業承継税制の納税猶予を受けることができる場合には別途検討の必要がある。

二次相続について，配偶者は会社から給与をもらっていたので，ある程度固有の財産を持っているとする。二次相続を考えるとあまり財産を引き継がない方がよいともいえるが，自宅と，老後の資金として金融資産を一定額引き継ぐものとする。なお，民法改正により配偶者居住権が創設されたため，2020 年 4 月以降にむけて検討の余地がある。

上記検討の結果，次ページのような分割案とした。

配偶者の税額軽減と小規模宅地等の特例の適用を受けた結果，相続税額は 1,671 万円となった。納税資金についても長男長女がそれぞれ相続した預貯金と生命保険金の金額で十分に納税が可能となる。

なお，不動産や非上場株式の評価や金融資産の正確な金額については，試算の段階においては精緻な計算は不要と考えられるが，非上場株式については計算が難しいので，顧問税理士等に概算をお願いするのが無難である。近年は金融機関が無料で税額を試算してくれることもあるので，そういったサービスを

【財産目録　分割案】

（単位：千円）

相続財産の内容								相続人			備考
No.		種類	財産形態	数量等	持分	所在地等	相続税評価額	配偶者	長男	長女	
1	1	土地	自宅	150.00m^2	1		100,000	100,000			
			小規模宅地等の特例による減額				－80,000	－80,000			
	2		貸家建付地	100.00m^2	1		50,000			50,000	
			小規模宅地等の特例による減額				－25,000			－25,000	
			小計				45,000	20,000	0	25,000	
2	1	建物	自宅	130m^2	1		3,000	3,000			
	2		貸家	100m^2	1		3,000			3,000	
			小計				6,000	3,000	0	3,000	
3	1	非上場株式	○○印刷	1,000 株			50,000		50,000		
	2		○○不動産	500 株			5,000			5,000	
			小計				55,000	0	50,000	5,000	
4	1	上場株式	○○株式会社	1,000 株		××証券	3,000	3,000			
			小計				3,000	3,000	0	0	
5	1	証券投資信託	○○	1,000 口		××証券	1,000	1,000			
			小計				1,000	1,000	0	0	
6	1	預貯金	普通預金			○○銀行	50,000		25,000	25,000	
	2		定期預金			○○銀行	10,000	10,000			
	3		定期預金			○○銀行	10,000	10,000			
	4		通常貯金			□□銀行	5,000	5,000			
			小計				75,000	25,000	25,000	25,000	
7	1	生命保険金				○○生命	5,000		5,000		
	2					□□生命	5,000			5,000	
	3		非課税金額				－10,000		－5,000	－5,000	
			小計				0	0	0	0	
8	1	その他の財産									
	2		家庭用財産								
			小計				0	0	0	0	
9	1	債務	未払金 等								
			小計				0	0	0	0	
10	1	葬式費用	葬儀費用 等						0		
			小計				0	0	0	0	
相続財産合計額							185,000	52,000	75,000	58,000	
取得割合								28.11%	40.54%	31.35%	
相続税額（百円未満切捨）							16,713	0	9,425	7,288	

受けることも検討の余地がある。

Q3 遺言を作成したい

事例

Q2 の例に従って，遺産分割案を作成しました。この遺産分割案を遺言にしたいのですが，遺言には大きく 2 種類あり，公正証書遺言と自筆証書遺言があると聞きました。それぞれの方法の違い，メリット・デメリットを教えてください。また，遺言を作成する際に留意すべき点も教えてください。

解説

遺言については，安全で確実な公正証書遺言が推奨されるが，自筆証書遺言についても民法改正によりデメリットが少なくなったといえる。また，遺言を作成する際に留意すべき点は「遺言執行者の指定」と「遺留分」である。

1 公正証書遺言と自筆証書遺言

公正証書遺言と自筆証書遺言の違いとメリット・デメリットは下記の通りである。

	公正証書遺言	自筆証書遺言
作成方法	公証人が作成 （遺言者の分割案を基として）	遺言者が原則自署で作成 （財産目録はパソコン作成が可）（①）
立会人	要（2 人以上）	不要
費用	あり	なし
相続後の検認	不要	要　（②）

	公正証書遺言	自筆証書遺言
保管	原本は公証人役場に保管	自分で保管　(②)
メリット	公証人が作成するため不備等はなく確実である	作成が簡単にできる
	公証人役場で保管されるため，紛失や偽造等がない	費用がかからない
デメリット	立会人を少なくとも２人用意する必要がある	内容に不備があると無効となる (日付なしや押印なしなど)
	作成に費用と時間がかかる	相続後に検認が必要

2　自筆証書遺言に関する民法改正

自筆証書遺言については民法改正がある。上記図表のうち，①と②の部分についてである。

項目	内容		
	改正前	改正後	適用時期
①方式の緩和	遺言書のすべてを自署する必要がある	財産目録をパソコンで作成することができる ただし，すべてのページに自署と押印は必要	2019年1月13日施行
②保管制度の創設	自分で保管するのみ	法務局に保管を申請することができる 遺言者の死亡後に相続人は保管確認することができる 保管されている遺言は検認が不要	2020年7月10日施行

上記民法改正により，自筆証書遺言については，かなり使い勝手がよくなったと考えられる。もともと簡単に作成ができる方法であるが，財産目録すべてを自署ではなくパソコンで作成することや通帳のコピーなどでも形式的に有効となり，さらに簡単に作成することができるようになったといえる。

保管制度が施行されれば，自筆証書遺言のデメリットであった「検認」が不要となることが大きいといえる。また，保管の際に形式的な部分（自署・押印・日付の有無など）の確認を受けられるため，不備により無効となるデメリットもなくなる。

3 遺言作成時の留意点

遺言執行者を誰にするかについては重要なポイントとなる。遺言執行者とは，遺言に記載されている内容通りに手続きを進める者であり，具体的には，不動産の相続登記手続き，銀行の預金解約，証券会社の証券の移管などが主な仕事となる。遺言執行者は相続人を指定することも可能であるが，それぞれ下記のような整理ができる。

執行者	留意点
配偶者	他人に財産状況を知られずに済む 一般的に年齢が近いため，遺言者よりも先に相続が発生する可能性や遺言者の死亡時において認知症などになっている可能性がある
子	他人に財産状況を知られずに済む 一般的に働く世代である場合，手続きをする時間を取るのが難しい 利害関係者であるため，他の兄弟がいる場合は印象があまりよくない場合がある
専門家（弁護士等）	法律のプロのため安全確実といえる 個人の場合，遺言者よりも先に相続が発生する可能性がある 費用がかかる
金融機関（信託銀行等）	遺言執行のプロのため安全確実といえる 内容でもめるような場合は執行を辞退する可能性がある 費用がかかる

配偶者や子を執行者とする場合は，費用はかからないが，その時の健康状況や手続きする時間が取れないなどの理由により，執行をすることができない（もしくは非常に時間がかかる）可能性がある。一方，専門家や金融機関は費用がかかるが，作成する段階からアドバイスを受けられ，執行時も手続きは慣れているので，安全確実といえる。

なお，遺言執行者が不在の場合には家庭裁判所に遺言執行者の申し立てをすることになる。

遺留分についても留意が必要である。遺留分とは，法定相続人に認められている権利で，遺言で相続する財産が少なかった相続人が，多く相続する人に対して，一定の割合で財産を請求することができる権利である。遺留分の割合は下記具体例の通りとなるが，兄弟姉妹には遺留分はない。

相続人	配偶者と子１人		配偶者と子２人		
	配偶者	子	配偶者	子Ａ	子Ｂ
法定相続分	1/2	1/2	1/2	1/4	1/4
遺留分	1/4	1/4	1/4	1/8	1/8

相続人	配偶者と親１人		配偶者と兄弟１人	
	配偶者	親	配偶者	兄弟
法定相続分	2/3	1/3	3/4	1/4
遺留分	1/3	1/6	1/2	なし

遺留分の減殺請求を受けた人は，遺留分に相当する金額を支払う義務がある。よって，遺言を作成する際には遺留分を考慮して作成することが望ましい。なお，遺留分に関する権利については相続開始及び遺留分侵害の事実を知った日から 1 年，相続開始の時から 10 年行使しない時は時効により消滅する。

また，遺留分については民法改正により下記の通り改正された。適用時期は 2019 年 7 月 1 日以後に開始する相続について適用される。

【遺留分に関する民法改正】

改正項目	【改正前】	【改正後】
遺留分減殺請求権の効力及び法的性質の見直し	・遺留分減殺請求により，原則的には目的財産の返還をする必要があり，金銭での価額弁償は例外的に可能	・遺留分侵害額請求により，現行法と同様に形成権であることを前提に，金銭債権が発生する ・受遺者等の負担額の規定を明文化
遺留分の算定方法の見直し	・相続人に対する贈与（特別受益に該当するもの）は，期間制限なくすべての贈与を算入（判例・実務） ・負担付贈与は，負担額控除後の額を減殺対象とするが，遺留分算定には負担額控除前の額を加えると解釈する余地あり ・不相当な対価による有償行為は贈与とみなし，減殺請求に伴い，遺留分権利者による当該対価の償還が必要	・相続人に対する贈与（特別受益に該当するもの）は相続開始前10年以内にされた贈与に限り算入 ・負担付贈与は，負担額控除後の額を贈与財産の価額とし，遺留分算定もこれによる（負担額控除前の額と解釈する余地なし） ・不相当な対価による有償行為は負担付贈与とみなし，当該対価の償還は不要 ・遺留分侵害額の計算方法を明文化
遺留分侵害額の算定における債務の取扱いに関する見直し	（現行法には規定なし）	・遺留分侵害額請求を受けた受遺者等が遺留分権利者の相続債務を消滅させる行為（弁済など）をした場合，意思表示により，その限度で受遺者等が負担する遺留分侵害額を消滅させることが可能

第2編
経営者等が不動産を所有する場合

経営者は，本社ビルやその土地など事業に関わる資産を多く保有する，他の相続財産として自社の株式があるなど，特有の事情があります。本編では，このように事業用不動産を所有する場合の不動産対策を取り上げます。

Q1 事業用資産が多く非後継者が相続する資産が少ない

事例

私（65 歳）は先代から会社（製造業）を引き継いでおり，現在 3 代目です。私には長男と長女がおります（配偶者は以前死亡）が，長男（35 歳）が後継者として現場で働いております。私の財産は会社に関係する資産が多く，そういった資産を後継者である長男に対して遺す場合は，結果的に長男に相続させる財産の方が多くなってしまいます。できるだけ兄弟で争いのないようにしたいのですが，どのように考えればよいでしょうか。

解説

まずは財産目録を作成し，納税資金の確保と長女へ遺すことができる資産がどのくらいになるかを検討する。その上で，遺留分を考慮した遺言を作成することが考えらえる。

1 財産目録の作成

財産目録を作成すると下記のようになる。

＜前提＞

・将来の推定相続人：長男（別居），長女（別居）

・財産：土地1億円（本社敷地），非上場株式1億5,000万円，金融資産8,500万円，生命保険2,000万円（受取人は長男と長女で1,000万円ずつ），会社貸付金5,000万円

・上記財産に対する相続税の総額：1億1,120万円

・私の自宅は社宅として法人が所有している

・生前退職金として5,000万円の支給を受ける予定である（上記預貯金にその分を含めている）

【財産目録】 （単位：千円）

相続財産の内容								相続人		備考
No.		種類	財産形態	数量等	持分	所在地等	相続税評価額	長男	長女	
1	1	土地	本社敷地	300.00m²	1		100,000			
			小規模宅地等の特例による減額				0			
		小計					100,000	0	0	
2	1	非上場株式	○○工業	10,000株			150,000			
		小計					150,000	0	0	
3	1	預貯金	普通預金			○○銀行	60,000			
	2		定期預金			○○銀行	20,000			
	3		通常貯金			□□銀行	5,000			
		小計					85,000	0	0	
4	1	生命保険金				○○生命	10,000			
	2					□□生命	10,000			
		小計					20,000	0	0	
5	1	その他の財産	貸付金			○○工業	50,000			
	2		家庭用財産							
		小計					50,000	0	0	
6	1	債務	未払金 等							
		小計					0	0	0	
7	1	葬式費用	葬儀費用 等					0		
		小計					0	0	0	
相続財産合計額							405,000	0	0	
取得割合								0.00%	0.00%	
相続税額（百円未満切捨）							111,200			

2 分割案①

分割案として，長男に事業用資産である土地，非上場株式，会社貸付金を相続させ，長女に金融資産を相続させた場合の財産目録は下記の通りである。

【財産目録】　　（単位：千円）

相続財産の内容								相続人		備考
No.		種類	財産形態	数量等	持分	所在地等	相続税評価額	長男	長女	
1	1	土地	本社敷地	300.00m^2	1		100,000	100,000		
			小規模宅地等の特例による減額				−80,000	−80,000		
		小計					20,000	20,000	0	
2	1	非上場株式	〇〇工業	10,000 株			150,000	150,000		
		小計					150,000	150,000	0	
3	1	預貯金	普通預金			〇〇銀行	60,000		60,000	
	2		定期預金			〇〇銀行	20,000		20,000	
	3		通常貯金			□□銀行	5,000		5,000	
		小計					85,000	0	85,000	
4	1	生命保険金				〇〇生命	10,000	10,000		
	2					□□生命	10,000		10,000	
	3		非課税				−10,000	−5,000	−5,000	
		小計					10,000	5,000	5,000	
5	1	その他の財産	貸付金			〇〇工業	50,000	50,000		
	2		家庭用財産							
		小計					50,000	50,000	0	
6	1	債務	未払金 等							
		小計					0	0	0	
7	1	葬式費用	葬儀費用 等					0		
		小計					0	0	0	
相続財産合計額							315,000	225,000	90,000	
取得割合								71.43%	28.57%	
相続税額（百円未満切捨）							75,200	53,715	21,485	

特例適用前取得財産（生命保険を除く）			385,000	300,000	85,000	
遺留分		1/4		96,250	96,250	

上記の通り分割した場合の納税額は，長男が5,371万円，長女が2,148万円となる。長男は保険金1,000万円と会社貸付金5,000万円の返済を受けることができれば納税をすることができる。長女は金融資産から納税することができる。

ただし，遺留分について検討すると，取得財産は相続税の特例適用前の財産額であり，かつ，生命保険金を除くと3億8,500万円となり，遺留分相当額（4分の1）は9,625万円となる。よって，長女の相続する金額が8,500万円となっているが，遺言を作成する場合には少なくとも相続税評価上の遺留分である9,625万円を超える金額を相続させた方が遺留分の減殺請求を受けるリスクは減少するものと考える。

3 分割案②

方法としては，長男から長女に対する代償金の支払いが考えられる。2,000万円の代償金を支払った場合について検討する。

【財産目録　分割案】

（単位：千円）

相続財産の内容								相続人		備考
No.		種類	財産形態	数量等	持分	所在地等	相続税評価額	長男	長女	
1	1	土地	本社敷地	300.00m^2	1		100,000	100,000		
			小規模宅地等の特例による減額				−80,000	−80,000		
		小計					20,000	20,000	0	
2	1	非上場株式	○○工業	10,000株			150,000	150,000		
		小計					150,000	150,000	0	
3	1	預貯金	普通預金			○○銀行	60,000		60,000	
	2		定期預金			○○銀行	20,000		20,000	
	3		通常貯金			□□銀行	5,000		5,000	
		小計					85,000	0	85,000	
4	1	生命保険金				○○生命	10,000	10,000		
	2					□□生命	10,000		10,000	
	3		非課税				−10,000	−5,000	−5,000	
		小計					10,000	5,000	5,000	
5	1	その他の財産	貸付金			○○工業	50,000	50,000		
	2		家庭用財産							
		小計					50,000	50,000	0	
6	1	代償金					0	−20,000	20,000	
		小計					0	−20,000	20,000	
7	1	債務	未払金 等							
		小計					0	0	0	
8	1	葬式費用	葬儀費用 等					0		
		小計					0	0	0	
相続財産合計額							315,000	205,000	110,000	
取得割合								65.08%	34.92%	
相続税額（百円未満切捨）							75,200	48,940	26,260	

特例適用前取得財産（生命保険を除く）			385,000	280,000	105,000	
遺留分		1/4		96,250	96,250	

金融資産＋生命保険金＋代償金受取				60,000	115,000	
納税資金＋代償金支払				−68,940	−26,260	

長男から長女に代償金2,000万円を支払うことにより，長女の取得財産が1億500万円となり，遺留分相当額を超えることになるが，長男は代償金を支払うことにより，代償金2,000万円と納税資金4,894万円の合計6,894万円が必要となり，生命保険金1,000万円と貸付金返済5,000万円では足りなくなってしまう。会社から資金を借りることや自社株の金庫株特例による売却等の検討が必要となる。

なお，不動産や非上場株式については，遺留分算定上の時価が必ずしも相続税評価額と一致するとは限らないこと，将来相続が発生したときの時価は現在の時価とは異なることについては認識しておく必要がある。よって，分割案については適宜見直しをすべきと考える。

Q2 金融資産が少なく納税資金が足りない

事例

父の相続税の試算をした結果，納税資金が足りないといわれました。父は会社を経営しているため，本社のある土地と非上場株式が相続財産の多くを占めております。相続税の納税資金として，本社のある土地を会社に売却するという選択肢があると思いますが，売却のタイミング，売却価格，手続き等について教えてください。

解説

売却のタイミングが相続開始前と相続開始後で下記の通りとなる。

	相続前	相続後
価格	時価	時価
手続き	父の確定申告	相続人の確定申告
相続財産	現預金（売却代金）	土地
その他	―	一定の場合，相続税の取得費加算の適用あり

1 売却価格

個人の所有する財産を同族の法人に売却する場合の価格は時価によるものとされる。土地の時価の算定方法は，不動産鑑定を取る方法や路線価評価をベースに80%で割り戻す方法が考えられる。相続前に売却する場合には現状の時価で計算することになるので金額を想定することができるが，相続後に売却する場合には，将来の相続のタイミングが分からないため，金額を想定することが難しいといえる。

2 手続き

相続前に売却する場合は，当然に売却した場合の収入は父に入るため，父が確定申告をすることにより納税をすることになる。昔からの土地であれば含み益があることが想定され，20%程度の譲渡税を支払うことになる。また，父は生前にキャッシュを受け取ることができる。

相続後に売却する場合には，相続人に売却した資金が入るため，相続人が確定申告をして納税をすることになる。相続前に売却する場合と同様に含み益があれば譲渡税が発生することになるが，一定の場合，相続税の取得費加算の特例の適用を受けることで譲渡税を抑えることができる。取得費加算の特例とは，相続で取得した土地等を相続開始の翌日から3年10か月以内に譲渡した場合に，その譲渡した土地等の取得費については，通常の取得費にその売却した土地等に対応する相続税を一部加算することができる特例である（措法39）。

よって，相続後に売却する方が譲渡税は安くなる可能性がある。

3 相続財産

相続前に売却した場合には，父の相続財産は土地から現預金（売却代金）となる。父は売却により譲渡税を支払うため，20%程度差し引かれて入金されるが，売却代金である土地の時価が相続税評価の1.25倍以上（20%税金で差し引かれるため）であれば相続財産額は増えることになる。

また，相続した土地が，特定同族会社事業用宅地等に該当した場合には，その土地の400m²まで80％を相続税の課税価格から減額をすることができる（措法69の4）。特定同族会社事業用宅地等の要件は，相続開始の直前から相続税の申告期限まで引き続きその土地を保有し，一定の同族法人の事業の用に供されていた宅地等で，その法人の役員である相続人がその土地を相続した場合に適用がある。

よって，相続後に納税資金のため売却するということであれば，相続税の申告期限内に売却する必要があるが，上記特定同族会社事業用宅地等の特例の適用を受けるためには申告期限まで引き続きその土地を保有する必要があるため，適用を受ける場合は申告期限内に売却することができない。

4　その他留意点

相続前の売却，相続後の売却，いずれにしても法人に買い取るための資金が必要となる。

金融機関からの借入や事業保険の解約等が考えられるが，法人にとっては本社の敷地の買取りは収益の上がる取引ではないので，キャッシュフローが圧迫されることが想定される。

5　まとめ

上記の論点をまとめると下記の通りとなる。

	相続前	相続後
メリット	・父に売却代金が入る ・時価の想定ができる	・相続税の取得費加算が使える ・相続税評価が低くなる可能性がある
デメリット	・相続税の取得費加算が使えない ・小規模宅地等の特例が使えない	・売却代金の予測が難しい ・小規模宅地の特例を適用する場合，申告期限内に売却することができない

Q3 不動産を相続したが，納税資金が足りない

事例

先日，父に相続が発生しました。私は後継者として会社を引き継いでおり，父の生前に会社の株式の贈与を受けております。父の相続財産は金融資産，自宅，会社が駐車場などとして使っている土地が主な資産です。相続税の納税資金が相続した金融資産では足りないため，会社から一部相続税を支払えるようにしたいと考えております。どのような方法がベストでしょうか。

解説

法人オーナーの場合，個人の相続税の納税資金を個人の金融資産だけで考えずに，法人の資金も含めて検討すべきである。一般的な捻出方法としては死亡退職金の支給が考えられるが，特に会社に必要な資産であれば，会社に対して資産を売却することを検討すべきと思われる。また前述の通り，相続発生後3年10か月以内にその敷地を法人に対して売却した場合には，取得費加算の特例の適用があるため，譲渡税を抑えることができる。

1 死亡退職金の支給

死亡退職金の課税関係は下記の通りである。

	課税関係	その他
法人 （支給する側）	損金算入 過大役員給与は損金不算入	死亡保険金の受取人が法人の場合は益金となる
個人 （支給される側）	相続税の対象 非課税枠あり（相法 12⑥） 500 万円×法定相続人の数	弔慰金は下記まで非課税 業務上の死亡→給与月額×36 か月 業務外の死亡→給与月額×6 か月

死亡退職金については，法人でも損金となり，受け取る個人においても非課税枠や弔慰金等の非課税があるため，少なくとも非課税枠までは支給する検討をすべきと考えられる。

2　取得費加算の特例

相続発生後3年10か月以内にその敷地を法人に対して売却した場合には，取得費加算の特例の適用がある。本特例の適用要件は以下の通りである（措法39）。

□　相続や遺贈により財産を取得した者であること

□　その財産を取得した者に相続税が課税されていること

□　その財産を相続のあった日の翌日から3年10か月以内に譲渡していること

また，この特例を受ける場合には，相続税の申告書の写し等の一定の書類を添付し，確定申告をする必要がある。

取得費に加算する相続税額の計算は，下記のとおりである（平成27年1月1日以後の相続等により取得した財産を譲渡した場合）。

$$\text{取得費加算額} = \text{その者の相続税額} \times \frac{\text{その者の相続税の課税価格の計算の基礎とされた譲渡資産の価額}}{\text{その者の相続税の課税価格} + \text{債務控除額}}$$

税制改正により，平成27年以降の相続で取得した土地については，取得費加算の対象となる金額が縮小されている。

3　具体的なシミュレーション

＜前提＞

・被相続人：父（会社創業者）

・相続人：長男（後継者，父と同居）1 人

・財産：自宅 2 億 5,000 万円，会社事務所敷地等 2 億 5,000 万円，金融資産 5,000 万円，会社貸付金 5,000 万円

・自宅の小規模宅地等の特例：△ 2 億円

・上記財産に対する相続税の総額：1 億 4,000 万円

・被相続人が死亡したことにより会社に 1 億 5,000 万円の死亡保険金が入金された（法人の保険積立金の簿価を 7,000 万円と仮定）。

【財産目録】

（単位：千円）

相続財産の内容						相続人	備考
No.		種類	財産形態	所在地等	相続税評価額	長男	
1	1	土地	自宅		250,000	250,000	
			会社事務所敷地		100,000	100,000	
			会社駐車場		100,000	100,000	
			会社駐車場		50,000	50,000	
			小規模宅地等の特例（自宅）		−200,000	−200,000	
			小計		300,000	300,000	
2	1	預貯金	普通預金	○○銀行	20,000	20,000	
	2		定期預金	○○銀行	30,000	30,000	
			小計		50,000	50,000	
3	1	その他の財産	会社貸付金		50,000	50,000	
			小計		50,000	50,000	
4	1	債務	未払金 等				
			小計		0	0	
5	1	葬式費用	葬儀費用 等			0	
			小計		0	0	
相続財産合計額					400,000	400,000	
取得割合						100.00%	
相続税額（百円未満切捨）					140,000		

相続税が1億4,000万円に対して金融資産が5,000万円しかないため，納税資金の捻出を検討することになる。会社には死亡保険金として1億5,000万円が入金しているので，その資金を個人に引き出す方法を検討する。

（1）不動産の売却

会社事務所敷地を時価相当額1億2,500万円で法人に売却した場合，取得費加算の特例を適用することで，1.4億円×1億円／4億円＝0.35億円が所得税の計算上控除される。その金額を踏まえてキャッシュフローをシミュレーションすると下記の通りとなる。

【不動産を売却した場合のシミュレーション】

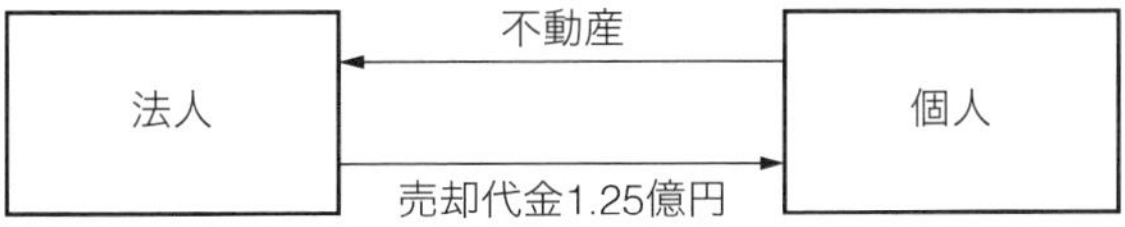

キャッシュフロー（法人）

収入	保険金	150,000
支出	個人へ	△ 125,000
	法人税	△ 24,000
差引		1,000

キャッシュフロー（個人）

収入	売却代金	125,000
	預金	50,000
支出	相続税	△ 140,000
	所得税	△ 18,000
差引		17,000

※法人税30%，所得税20%として計算
※所得税の計算上，取得費・譲渡経費は考慮せず

(2) 死亡退職金の支払い

死亡退職金として 8,000 万円（非課税枠 500 万円），会社貸付金の 5,000 万円を返済した場合のシミュレーションは下記の通りとなる。

【退職金を支払った場合のシミュレーション】

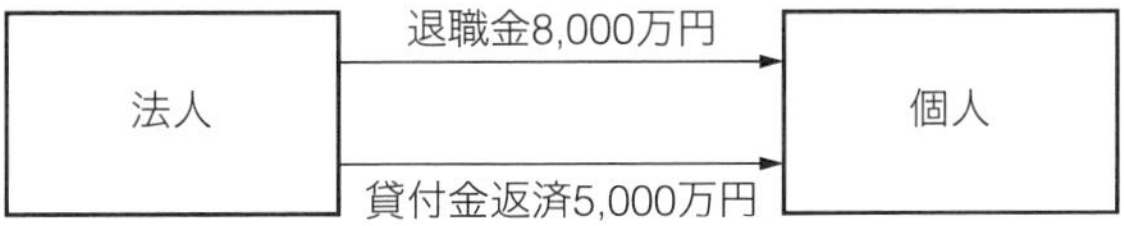

キャッシュフロー（法人）

収入	保険金	150,000
支出	個人へ	△ 80,000
	個人へ	△ 50,000
	法人税	0
差引		20,000

キャッシュフロー（個人）

収入	退職金	80,000
	返済	50,000
	預金	50,000
支出	相続税	△ 177,500
	所得税	0
差引		2,500

※法人税30%，所得税20%として計算

どちらも法人・個人ともにキャッシュフローは足りる結果となった。また，相続税だけでなく，法人税・所得税を合計した金額は（1）の場合は1億8,200万円，（2）の場合は1億7,750万円となった。今回はどちらの場合もあまり差はないが，実際には，法人に繰越欠損金があるか，相続人の数は何人であるか，他に個人の所得で譲渡損となる売却があるか等の状況により税額は大きく変わってくると思われる。また，本ケースでは，自社株の生前贈与が済んでいることを前提としているが，被相続人が自社株を所有している場合には，死亡退職金の支給により株価にも影響があるため別途検討が必要と考えられる。死亡退職金の支給や不動産の売却を検討する場合には，相続税だけでなくトータルの税金まで考慮してタックスプランをすることが重要である。

Q4 会社所有の不動産を売却して対策をしたい

事例

私はA社を経営しておりますが，本社の土地はバブル期に購入しており，現在の相場と比べると簿価がかなり高い金額となっております。不動産屋に相談したところ，簿価は2億円ですが，売買相場は1.5億円くらいになるということでした。このままだとA社の株価が高くなってしまい，承継の際に多額の相続税が発生します。また，私は別途不動産管理のためのB社を所有しておりますが，その法人に本社及び土地を売却することは可能でしょうか。売却する場合の留意点等を教えてください。

解説

移転コストが発生するが，A社で取締役会等の決議をして，B社で購入資金の資金繰りを検討の上，不動産を売却することは可能である。ただし，グループ法人税制の適用がある場合には，当該本社及び土地を売却した場合の売却損は法人税の計算上，将来に繰り延べられる。

1 移転コストの計算

不動産を売却した場合の不動産取得税と登録免許税の計算は，課税標準額

（固定資産税評価額）に以下の税率を乗じて計算する。

種類	不動産取得税	登録免許税
土地	3/100　※1	15/1,000　※2
建物	4/100（非住宅）	20/1,000

※1　令和3年3月31日までに取得された宅地等は不動産の価格×1/2が課税標準
※2　令和3年3月31日まで

2　会社の重要な財産の処分

会社が重要な財産を処分する場合には取締役会の決議が必要である（会社法362④）。一般的には本社及び土地については，会社にとっては「重要な」財産であると考えられるため，取締役会の決議が必要と考えられる。

3　グループ法人税制

グループ法人税制とは平成22年度の税制改正により創設された制度で，100%グループ間で行う資産の譲渡や寄附等について，税務上の損益を認識しないというものである。

本件では，A社とB社が100%グループ間である場合には，本社及び土地を売却したとしても，土地の売却損である5,000万円は売却した時点では損金とならない。実際に購入したB社が別の法人に売却した際に，A社において売却損5,000万円が実現するという仕組みである。

よって，A社とB社の資本関係を確認する必要がある。

4　売買シミュレーション

＜前提条件＞

・A社とB社はグループ法人税制の対象となる法人ではない

・A社の建物土地を2億5,000万円でB社に売却するものとする

・B社は借り入れにより資金調達をする

・株価評価上，A社は大会社，B社は小会社とする

（単位：百万円）

＜実行前BS＞

A社

建物	100	負債	1,000
土地	200		
その他	1,000	純資産	300

土地建物を
2億5,000万円
で売却

＜実行前BS＞

B社

不動産	100		
		純資産	100

＜実行後BS＞

A社

現金	**250**	負債	1,000
その他	1,000	純資産	250

＜実行後BS＞

B社

不動産	100	借入金	**250**
建物	**100**		
土地	**150**		
		純資産	100

＜税務上の留意点＞

	A社	B社
法人税	損金が5,000万円発生する	家賃収入に対する所得が発生する
消費税	建物は課税売上，土地は非課税売上（課税売上割合に準ずる割合の承認確認）	建物に係る消費税が課税仕入れとなる（簡易課税の届出確認）
株価評価	利益金額が下がるため類似業種比準価額が下がる（非経常的利益がある場合には売却損は相殺される）	3年後に不動産が相続税評価となるため，純資産価額が下がる

Q5　生前贈与をしたい

事例

私は資産を子や孫へ生前贈与したいと考えております。効果的な生前贈与と贈与税について教えてください。

解説

生前贈与は，①相続税の限界税率を算定し，②その限界税率よりも低い贈与税の実効税率により財産を贈与することが効果的である。

1　相続税の限界税率

相続税の限界税率とは，相続税の計算で適用される税率のうち，一番高い税率をいう。本編 Q1 の財産目録により限界税率を算定してみると下記の通りとなる。

【財産目録】　（単位：千円）

相続財産の内容								相続人		備考
No.		種類	財産形態	数量等	持分	所在地等	相続税評価額	長男	長女	
1	1	土地	本社敷地	300.00m^2	1		100,000			
			小規模宅地等の特例による減額				0			
		小計					100,000	0	0	
2	1	非上場株式	○○工業	10,000 株			150,000			
		小計					150,000	0	0	
3	1	預貯金	普通預金			○○銀行	60,000			
	2		定期預金			○○銀行	20,000			
	4		通常貯金			□□銀行	5,000			
		小計					85,000	0	0	
4	1	生命保険金				○○生命	10,000			
	2					□□生命	10,000			
		小計					20,000	0	0	
5	1	その他の財産	貸付金			○○工業	50,000			
	2		家庭用財産							
		小計					50,000	0	0	
6	1	債務	未払金 等							
		小計					0	0	0	
7	1	葬式費用	葬儀費用 等					0		
		小計					0	0	0	
相続財産合計額							405,000	0	0	
取得割合								0.00%	0.00%	
相続税額（百円未満切捨）							111,200			

【相続税の計算】

(A) 基礎控除　405,000 千円－(30,000 千円＋6,000 千円×2 人)＝363,000 千円

(B) 法定相続分　(A)×1/2＝181,500 千円

(C) 税率を乗じる　(B)×40％－17,000 千円＝55,600 千円

(D) 法定相続人の数を乗じる　(C)×2 人＝111,200 千円

上記の場合，相続税の限界税率は（C）の部分の 40％となる。相続税の高い

部分の税率が40%ということになるので，その税率よりも低い贈与税率で贈与することが効果的な贈与といえる。

2　贈与税の実効税率

相続税は限界税率が目安となるが，贈与税は実効税率が目安となる。

【子・孫への贈与に対する実効税率】　(単位：万円)

贈与金額	贈与税額	実効税率
110	0	0.0%
200	9	4.5%
300	19	6.3%
400	33.5	8.4%
500	48.5	9.7%
600	68	11.3%
700	88	12.6%
800	117	14.6%
900	147	16.3%
1,000	177	17.7%
1,500	366	24.4%

贈与金額	贈与税額	実効税率
2,000	585.5	29.3%
2,500	810.5	32.4%
3,000	1,035.5	34.5%
4,000	1,530	38.3%
5,000	2,049.5	41.0%
6,000	2,599.5	43.3%
7,000	3,149.5	45.0%
8,000	3,699.5	46.2%
9,000	4,249.5	47.2%
10,000	4,799.5	48.0%
15,000	7,549.5	50.3%

例えば，1,000万円を贈与した場合の贈与税は177万円となり，実効税率は17.7%となる。上記の財産状況である場合に，その1,000万円を生前贈与をしたときは，相続税との差額の税率22.3%（40%－17.7%）相当額である223万円の税額が安くなるといえる。

ただし，生前贈与加算により相続開始前3年以内の贈与財産については相続財産に持ち戻されてしまうため，早めの生前贈与が望ましいといえる。

Q6 不動産の生前贈与をしたい

事例

私は不動産を生前贈与したいと考えております。贈与する場合の留意点と贈与税について教えてください。

解説

不動産を贈与する場合には，贈与税だけでなく，不動産取得税と登録免許税の移転コストをあらかじめ計算しておく必要がある。不動産をどのように利用する（している）かによって特例等の検討の余地がある。

また，不動産を贈与する場合には，その不動産の時価，所在，贈与対象者を検討する必要がある。

1 移転コストの計算

不動産を贈与した場合の不動産取得税と登録免許税の計算は，課税標準額（固定資産税評価額）に以下の税率を乗じて計算する。

種類	不動産取得税　※1	登録免許税
土地	3/100　※2	20/1,000
建物	3/100（住宅） 4/100（非住宅）	20/1,000

※1　新築住宅や中古住宅については一定の特例あり
※2　令和3年3月31日までに取得された宅地等は不動産の価格×1/2が課税標準

例えば，相続税評価額1,000万円，固定資産税評価額800万円の土地を贈与した場合は，以下のような計算となる。

①贈与税　(1,000万円－110万円)×40%－125万円＝231万円

②不動産取得税　800万円×1/2×3/100＝12万円

③登録免許税　800万円×20/1,000＝16万円

①＋②＋③＝259万円

上記の金額は，贈与を受けた受贈者が支払う税金であるが，土地だけ贈与を受けたとしても納税をする資金が別途必要となるため，不動産の贈与を受ける場合にはあらかじめ納税資金を準備しておく必要がある。

2　不動産を贈与した場合の贈与税の特例

不動産を贈与する場合（不動産を取得するための資金の贈与を含む）には，内容に応じて下記のような贈与税の特例がある。

内容	対象者	非課税となるもの	非課税金額
配偶者贈与	婚姻期間が20年以上の夫婦間の贈与	居住用の住宅又は住宅取得資金の贈与	2,000万円
住宅取得資金贈与	親や祖父母から20歳以上の子や孫への贈与	住宅を取得するための資金の贈与	700万円　※1 (一定の省エネ住宅の場合，1,200万円)

※1　令和2年3月31日までの金額。ただし，令和2年3月31日までは，家屋に係る消費税率が10%である場合には2,500万円（一定の省エネ住宅の場合は，3,000万円）

3　不動産を贈与する場合の考え方

上記の通り，不動産を贈与する場合には，現金や自社株を贈与する場合と比較して，移転コストが別途発生する。住宅取得資金など，一定の目的がある贈与については特例が受けられるが，贈与された不動産や資金の使途は当然に限られている。

では，相続対策として不動産を贈与するケースはどのようなものがあるか検討してみる。なお，前述したとおり，相続税の限界税率を超えるような贈与は望ましくないことが前提となる。

□　収益物件の贈与

親世代から子世代に贈与することにより，賃貸収入も子世代に移るため，親世代の収入の蓄積を止めることができる。

□　欠損金があり，贈与後の株価も0円以下となる法人への贈与

贈与を受けた法人には法人税がかからない。また，法人の株価も発生しない。

□　米国不動産の贈与

米国不動産にかかる米国のGiftTaxは贈与した人に納税義務があるが，日本の贈与税の計算は受贈者に納税義務がある。日本の贈与税の計算上，贈与者が米国に支払ったGiftTaxを受贈者が支払った贈与税として，外国税額控除を適用し差し引くことができる。つまり，実質的に受贈者は米国の贈与税相当額を贈与者に支払ってもらうことができる。

なお，不動産を贈与することが望ましくない場合は下記のケースが考えられる。

□　所有している不動産の中で小規模宅地等の特例が一番効果的に受けられる土地の贈与

□　相続税評価額よりも売却時の想定時価が低い不動産の贈与

Q7　小規模宅地等の特例の適用を受けたい

事例

私は経営する会社の本社の土地を個人で所有しており，会社から地代を受け取っております。私に相続が発生した場合には，その土地は相続財産になると思いますが，小規模宅地等の特例の適用は受けられますか。また，遺産分割と納税資金の観点から留意すべき点を教えてください。

解説

一定の要件を満たした場合，特定同族会社事業用宅地等として小規模宅地等の特例の対象となる。また，相続発生後3年10か月以内にその敷地を法人に対して売却した場合には，取得費加算の特例の適用があるため，譲渡税を抑えることができ，非後継者への代償金や相続税の納税資金の原資として検討することができる。

1　相続発生前

土地を個人で所有し，建物を法人で所有している場合には，税務上の借地権等の取扱いに留意する必要がある。一般的には下記のようなケースが考えられる。

	権利金の支払有無	無償返還届の有無	地代の金額	評価 （自用地評価を 100）
1	○	×	通常の地代	個人→底地 法人（株価評価）→借地権
2	×	×	相当の地代 （改訂あり）	個人→ 80% 法人（株価評価）→ 20%
3	×	○	実際の地代	個人→ 80% 法人（株価評価）→ 20%

1は，法人が建物を建築するときに個人に対して借地権の権利金を支払っているケースである。法人に資金余力があれば権利金を支払うこともあるが，同族間の場合にはあまり見ないケースである。

2は，借地権の権利金は支払わないが，毎年の地代を多く支払うケースである。相当の地代の具体的計算は相続税評価額（又はその評価額の過去3年間の評価額）×6%で計算する。

3は，借地権の権利金の支払いをせずに，「無償返還の届出書」を地主と借地人の連名で税務署に提出し，地代を支払うケースである。この場合，使用貸借契約でも借地権課税の問題はないが，通常は賃貸借契約として土地の固定資産税の2～3倍の地代を支払うことにより，個人の土地評価を80%とすることが多い。

2　相続発生時（特定同族会社事業用宅地等）

特定同族会社事業用宅地等に該当した場合の小規模宅地等の特例は，同族会社の事業用の土地を相続した場合に，一定の要件を満たすことで，400m^{2}まで80%を相続税の課税価格から減額をすることができる特例である。特定同族会社事業用宅地等の要件は，相続開始の直前から相続税の申告期限まで引き続きその土地を保有し，同族法人の事業の用（不動産貸付業等を除く）に供されていた宅地等で，その法人の役員である相続人がその土地を相続した場合に適用がある。つまり，この特例の適用を受けるためには，後継者がその土地を相続する必要がある。また，会社の資金繰りの関係で「無償返還の届出」を提出した上で，地代を支払っていないような場合（固定資産税相当額の支払いを含む）については，減額の適用はない。

3 遺産分割と納税資金

後継者から非後継者に代償金を支払う場合や，後継者の相続税の納税資金としてその土地を会社に売却して資金化することが考えられる。ただし，上記の通り，相続した事業用の土地について小規模宅地等の特例の適用を受ける場合には，適用要件の一つに相続税の申告期限まで引き続きその土地を保有し，同族会社の事業用の土地として利用するという要件がある。よって，当該土地について小規模宅地等の適用を受ける場合には，少なくとも相続発生後10か月以内は売却することができないので，相続税の納税資金としては見込むことができない。

また，遺産分割で非後継者に土地の持分を一部相続してもらい，相続後にその持分を会社が買い取ることで実質的に非後継者に代償金を支払うような形がとれる。

いずれにしても相続した土地を法人で買い取ることが想定される場合には，法人に買い取り資金があることが前提となるため，事業保険等により万が一の時には会社に資金ができる仕組みを持っておくことが重要と考えられる。

Q8 役員の法人への貸付金に多額の相続税がかかる

事例

私は会社を経営しておりますが，会社の資金繰りが悪かったため，個人から会社に対して貸付等を行った結果，2億円ほど貸付金が残っております。会社に対する貸付金は相続が発生した時の相続財産になるということですが，生前に対策できることはありますか。

解説

移転コストが発生するが，個人から法人への貸付金の返済を，不動産で返済する代物弁済をすることが考えられる。

1　移転コストの計算

代物弁済も不動産を売却した場合と同様に買主である個人に対して不動産取得税と登録免許税が発生する。不動産取得税と登録免許税の計算は，課税標準額（固定資産税評価額）に以下の税率を乗じて計算する。

種類	不動産取得税	登録免許税
土地	3/100　※1	15/1,000　※2
建物	4/100（非住宅）	20/1,000

※1　令和3年3月31日までに取得された宅地等は不動産の価格×1/2が課税標準
※2　令和3年3月31日まで

2　代物弁済

代物弁済とは，法人に対する貸付金の返済として，現金による回収ではなく，不動産などの現物資産により返済を受ける方法である。税務上の取扱いは不動産を譲渡したことと同じであるため，含み損のある不動産であれば固定資産売却損が発生する。

3　相続税評価

貸付金の評価は，その元本の価額により評価することになるが，不動産の評価は土地が路線価又は倍率による評価，家屋は固定資産税評価額による評価となり，一般的には実際の時価よりも低い評価額となる。

4　小規模宅地等の特例

社宅を代物弁済した場合，自宅が個人所有となる。自宅については，相続発生時に特定居住用宅地等の要件を満たした場合には，相続税評価額のうち330m^{2}まで80%減額される。また，特定居住用の特例と特定同族会社事業用の特例については併用が可能となったため，会社オーナーにとっては有利な状況となっている。

5 代物弁済による評価額の検証

＜前提条件＞

・貸付金は回収可能性があるものとする

・社宅の時価は土地が１億円，建物が１億円とする（簿価は合計 2.5 億円）

・社宅の敷地面積は 330m^2 以内とする

・社宅については代物弁済後，特定居住用の要件を満たすものとする

	時価	相続税評価	小規模宅地適用後
貸付金	2 億円	2 億円	2 億円

貸付金の返済を社宅で代物弁済を受ける

自宅（土地）	1 億円	0.8 億円 （時価の 80％程度）	0.16 億円 （評価△ 80％）
自宅（建物）	1 億円	0.6 億円 （時価の 60％程度）	0.6 億円

差額　約△1.24 億円

＜税務上の留意点＞

	法人	個人
法人税・所得税	損金が 0.5 億円発生する	特になし（移転コストや固定資産税等の支払いが発生するが，法人の経費とならない）
消費税	建物は課税売上，土地は非課税売上（課税売上割合に準ずる割合の承認確認）	特になし
株価評価・不動産評価	利益金額が下がるため類似業種比準価額が下がるが，不動産の相続税評価と借入金額の差額について，純資産価額が上がる	上記の通り，相続税評価額が下がる

Q9 会社を清算したいが，不動産には価値がある

事例

私は父から会社を引き継いで3代目ですが，私の後継者はいません。会社の事業は縮小しており，ここ3年間は赤字が続いております。ただし，私の代で会社を清算しようとしましたが，本社ビルの価値が高く，純資産はプラスであるため，不動産を売却して会社を清算した場合には，かなりの税金がかかってしまうと聞きました。何かよい方法はありますか？

解説

不動産を売却後，会社を清算した場合には，不動産の売却時に法人税等がかかり，会社を清算した時にみなし配当として株主には所得税等がかかるため，手取り金額はかなり減少する。不動産M&Aにより，事業を廃止してから（若しくは事業譲渡をしてから）会社の株式を売却した場合には，株式の譲渡所得による課税となるため，手取り金額は多くなると考えられる。

1 会社清算時の課税

会社を清算する場合には，まずは会社の資産等を処分して債務の支払いに充てることとなる。処分の過程において，含み益のある不動産を売却した場合に，

資産超過となるときは，基本的にはその売却益に対して法人税等が課税される。その後，税引き後の資産について残余財産の分配として株主が受け取る金額については，みなし配当として総合課税の所得税等が課税される。よって，株主の手取り額は不動産売却額と比較すると少なくなってしまう。

2　M&Aによる売却

M&Aは主に事業を拡大しようとしている会社等が買い手となり，後継者がいない会社や事業を廃業しようとしている会社等が売り手となって行う企業の合併や買収のことをいう。昨今では後継者不足の時流もあり，大企業だけではなく，中小企業もM&Aが進むものといわれている。

M&Aの一般的な方法として下記2種類を記載する。

(1) 株式譲渡方式　　(2) 事業譲渡方式

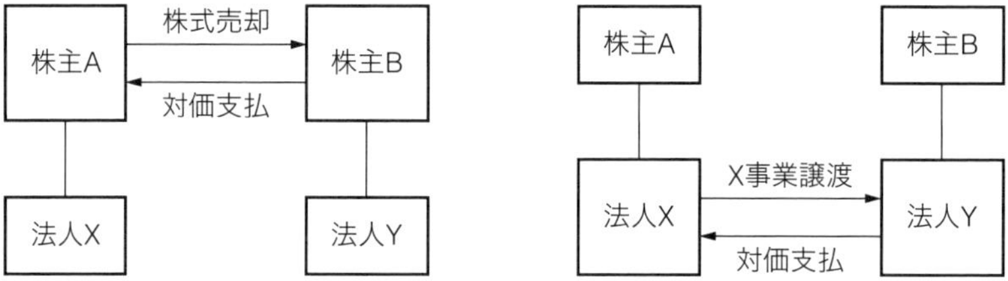

① 株式譲渡は株式を売却する方法で，買い手は会社の資産，従業員，取引先等も包括的に引き継ぐことになる。

② 事業譲渡は事業のみを譲渡する方法で，買い手は自社に必要な事業だけを購入することができる方法である。

それぞれの主なメリット，デメリットは下記の通りである。

種類	メリット	デメリット
株式譲渡	・手続きが簡便で許認可や契約などもそのまま引き継ぐことができる ・株主は税負担も少なく，売却代金が入る	・買い手側は簿外債務や従業員の未払賃金なども引き継ぐ可能性がある
事業譲渡	・譲渡する事業を特定することができ，簿外債務等を引き継ぐ可能性が少ない	・許認可や契約などを引き継ぐことができない ・売り手側の株主には売却代金が入ってこない

3 シミュレーション

2 は，一般的なM&Aに対する概要であるが，高い価値の不動産を所有する会社についてオーナーがキャッシュ化するためには，株式譲渡方式による売却が有利と考えられる。

＜前提条件＞

・資産：不動産1億円（時価5億円），その他資産1億円

・負債：その他負債1億円

・株主：本人100％

・株式譲渡による場合の売買代金は5億円とする

・税率は法人税等35％，所得税等（総合課税）55％，所得税等（譲渡益課税）20％と仮定

（1）不動産を売却して清算した場合　　　　　　　　　　　　　　（単位：百万円）

＜売却前 BS＞

A 社

不動産	100	負債	100
その他	100	純資産	100

＜売却後 BS＞

A 社

現金	**500**	負債	100	
		税金	140	‥不動産売却益
その他	100	純資産	360	

税金	198	‥みなし配当
手取額	**162**	

（2）株式譲渡による場合

＜売却前 BS＞

A 社

不動産	100	負債	100
その他	100	純資産	100

＜売却後 BS＞

A 社

不動産	**100**	負債	100
その他	100	純資産	100

税金	100	‥株式売却益
手取額	**400**	

上記の通り，売り手にとっては株式譲渡による売却の方が有利であることがわかる。

なお，どちらのケースでも通常は役員退職金の支給によりタックスプランを検討する場合が多いが，本シミュレーションでは加味していない。

また，買い手にとって不動産を購入することが目的である場合には，本来の事業に関する契約が残っている場合や従業員等がいる場合には，売却前に清算等をすることが前提となるであろう。また，買い手が不動産を転売することを目的に購入する場合には，買い手において譲渡益が実現するため，その分売買代金で調整されることが予想される。

補足としては，会社が所有している不動産の所有期間が5年以内であり，総資産に占める不動産の割合が70％以上の場合に株式譲渡をしたときは，土地類似株式等に該当し，株主は短期譲渡所得課税として課税される可能性があるため留意が必要である（措法32②）。

Q10 不動産を所有するのは法人か，個人か

事例

私は自分の会社で不動産事業を営んでおります。不動産は法人で所有している物件もありますが，個人で所有している物件もあります。私もいずれは事業承継，資産承継をすることになり，次世代に不動産を承継することを考えなければなりません。不動産を承継する場合，法人で所有しておくべきか，個人で所有しておくべきかという２つの考え方があるかと思います。実際にはそれぞれにメリット・デメリットがあると思いますが，税金面においてはどのように考えればよいでしょうか。

解説

一概に結論は出ないが，不動産を多く所有している場合や継続保有が前提の不動産が多い場合には，法人が所有している方が適している場合が多いと考えられる。

1 個人所有，法人所有の税金比較

不動産といっても利用状況は様々であるが，自宅と賃貸物件で，時系列における税金について検討する。シミュレーションをすると下記の通りとなる。

【自宅（社宅）の場合】

	個人所有	法人所有
入口 （購入時）	ローンを組んだ場合，住宅ローン控除あり	取得時コストは損金算入，一部取得価額に加算
保有時	固定資産税や修繕費等の保有時コストは個人負担として経費等にはならない	保有時コストは損金算入 役員社宅として家賃収入を計上する必要あり
相続時 （相続税）	時価よりも低い価額（相続税評価額）で計算される 小規模宅地等の特例（330m^2まで80%減額）あり	株価評価の純資産価額の計算上，時価よりも低い価額（相続税評価額）で計算される （3年内取得不動産は時価評価）
相続時 （移転コスト）	登記時に登録免許税が発生	移転コストは特になし
出口 （売却時）	譲渡税の計算につき，居住用の特例（3,000万円控除，居住用の買換特例）あり 相続後の売却については取得費加算の特例あり 譲渡税の税率は20%程度	売却益に対して法人税等が課税 課税事業者の場合，消費税も課税

【賃貸物件の場合】

	個人所有	法人所有
購入時	取得時コストは損金算入，一部取得価額に加算	取得時コストは損金算入，一部取得価額に加算
保有時	保有時コストは必要経費算入 所得税等の税率は15%～55%ほど	保有時コストは損金算入 法人税等の税率は25%～35%ほど
相続時 （相続税）	時価よりも低い価額（相続税評価額）で計算される 小規模宅地等の特例（200m^2まで50%減額）あり	株価評価の純資産価額の計算上，時価よりも低い価額（相続税評価額）で計算される （3年内取得不動産は時価評価）
相続時 （移転コスト）	登記時に登録免許税が発生	移転コストは特になし
売却時	譲渡税の計算につき，一定の場合には買換特例あり 相続後の売却については取得費加算の特例あり 課税事業者の場合，消費税も課税 譲渡税の税率は20%程度	売却益に対して法人税等が課税 課税事業者の場合，消費税も課税

上記比較で結論を出すのは難しいが，所有する不動産が多い場合には，所得課税（法人税率の方が所得税等の税率よりも低い）と相続税課税（小規模宅地等の限度面積の範囲内であれば個人所有の方が評価を抑えられるが，その面積を超えて土地を所有している場合には，法人で間接保有した方が，評価が下がると考えられる，移転コストもない）の観点から法人所有の方が有利と考えられる。

また，売却時の税金は個人の方が有利と考えられるが，保有継続が前提の不動産であれば，法人所有でもデメリットとならない。

2　個人所有の不動産を法人所有にする方法

個人所有の不動産を法人に移転するためには，売買・現物出資・寄附などが考えられるが，いずれも譲渡税，消費税，移転コストを検討しなければならない。不動産管理会社の活用については後述するが，タイミングとしては相続発生後に取得費加算の特例を適用して法人に移転することが考えられる。

郵 便 は が き

料金受取人払郵便

落合局承認

4248

差出有効期間
2021年 1 月31日
(期限後は切手を
おはりください)

161－8780

東京都新宿区下落合2-5-13

㈱ 税務経理協会

社長室行

お名前	フリガナ	性別	男 ・ 女
		年齢	歳
ご住所	□□□-□□□□ TEL (　　)		
E-mail			
ご職業	1．会社経営者・役員 2．会社員 3．教員 4．公務員 5．自営業 6．自由業 7．学生 8．主婦 9．無職 10．公認会計士 11．税理士 12．行政書士 13．弁護士 14．社労士 15．その他（　　）		
ご勤務先・学校名			
部署		役職	

ご記入の感想等は，匿名で書籍のＰＲ等に使用させていただくことがございます。
使用許可をいただけない場合は，右の□内にレをご記入ください。 □許可しない

ご購入ありがとうございました。ぜひ、ご意見・ご感想などをお聞かせください。
また、正誤表やリコール情報等をお送りさせて頂く場合もございますので、
E-mail アドレスとご購入書名をご記入ください。

この本のタイトル	

Q1　お買い上げ日　　　　年　　月　　日

ご購入方法　1．書店･ネット書店で購入（書店名　　　　　　　　　）
　　　　　　2．当社から直接購入　　3．その他（　　　　　　　　　）

Q2　本書のご購入になった動機はなんですか？（複数回答可）
　1．タイトルにひかれたから　　2．内容にひかれたから
　3．店頭で目立っていたから　　4．著者のファンだから
　5．新聞・雑誌で紹介されていたから（誌名　　　　　　　　　）
　6．人から薦められたから　　7．その他（　　　　　　　　　）

Q3　本書をお読み頂いてのご意見・ご感想をお聞かせください。

Q4　ご興味のある分野をお聞かせください。
　1．税務　　2．会計・経理　　3．経営・マーケティング
　4．経済・金融　　5．株式・資産運用　　6．法律・法務
　7．情報･コンピュータ　　8．その他（　　　　　　　　　）

Q5　カバーやデザイン、値段についてお聞かせください
　①タイトル　　1良い　2目立つ　3普通　4悪い
　②カバーデザイン　　1良い　2目立つ　3普通　4悪い
　③本文レイアウト　　1良い　2目立つ　3普通　4悪い
　④値段　　1安い　2普通　3高い

Q6　今後、どのようなテーマ・内容の本をお読みになりたいですか？

ご回答いただいた情報は、弊社発売の刊行物やサービスのご案内と今後の出版企画立案の参考のみに使用し、他のいかなる目的にも利用いたしません。なお、皆様より頂いた個人情報は、弊社のプライバシーポリシーに則り細心の注意を払い管理し、第三者への提供、開示等は一切いたしません。

第3編 地主等が不動産を所有する場合

地主等には，古くから周辺の土地を多く所有しているもののそのほとんどが貸宅地であるなど，特有の事情があります。本編では，このような場合の不動産対策を取り上げます。

Q1 貸宅地が多く，非後継者が相続する資産が少ない

事例

私（75歳）は3代続く地主です。私には長男と長女がおります（配偶者は以前死亡）が，長男（40歳）を後継者として考えております。私の財産はほぼ不動産ですが，不動産をすべて長男に遺す場合は，結果的に長男に相続させる財産の方が多くなってしまいます。できるだけ兄弟で争いのないようにしたいのですが，どのように考えればよろしいでしょうか。

解説

まずは財産目録を作成し，納税資金の確保と長女へ遺すことができる資産がどのくらいになるかを検討する。その上で，遺留分を考慮した遺言を作成することが考えらえる。

1 財産目録の作成

財産目録を作成すると下記のようになる。

＜前提＞

・将来の推定相続人：長男（同居），長女　計2名

・財産：土地 3 億 7,800 万円（自宅・貸宅地 7 件・駐車場 2 件・貸家建付地），家屋 700 万円（自宅・貸家），金融資産 5,500 万円，生命保険 2,000 万円

・上記財産に対する相続税の総額：9,720 万円

【財産目録】

（単位：千円）

相続財産の内容								相続人		備考
No.		種類	財産形態	数量等	持分	所在地等	相続税評価額	長男	長女	
1	1	土地	自宅	330.00m^2	1		100,000			
	2		貸宅地(7件)		1		168,000			
	3		駐車場(2件)		1		80,000			
	4		貸家建付地	100.00m^2	1		30,000			
			小規模宅地等の特例による減額				−80,000			
		小計					298,000	0	0	
2	1	家屋	自宅				5,000			
	2		貸家				2,000			
		小計					7,000	0	0	
3	1	預貯金	普通預金			○○銀行	50,000			
	2		通常貯金			□□銀行	5,000			
		小計					55,000	0	0	
4	1	生命保険金				○○生命	20,000			
			生命保険金の非課税				−10,000			
		小計					10,000	0	0	
5	1	その他の財産	家庭用財産							
		小計					0	0		
6	1	債務	未払金 等							
		小計					0	0		
7	1	葬式費用	葬儀費用 等					0		
		小計					0	0		
相続財産合計額							370,000	0	0	
取得割合								0.00%	0.00%	
相続税額（百円未満切捨）							97,200	0	0	

2 分割案の検討①

分割案として，長男に土地，建物を相続させ，長女に金融資産を相続させた場合の財産目録は下記の通りである。

【財産目録】

（単位：千円）

相続財産の内容								相続人		備考
No.		種類	財産形態	数量等	持分	所在地等	相続税評価額	長男	長女	
1	1	土地	自宅	330.00m²	1		100,000	100,000		
	2		貸宅地(7件)		1		168,000	168,000		
	3		駐車場(2件)		1		80,000	80,000		
	4		貸家建付地	100.00m²	1		30,000	30,000		
			小規模宅地等の特例による減額				−80,000	−80,000		
		小計					298,000	298,000	0	
2	1	家屋	自宅				5,000	5,000		
	2		貸家				2,000	2,000		
		小計					7,000	7,000	0	
3	1	預貯金	普通預金			○○銀行	50,000		50,000	
	2		通常貯金			□□銀行	5,000		5,000	
		小計					55,000	0	55,000	
4	1	生命保険金				○○生命	20,000	10,000	10,000	
			生命保険金の非課税				−10,000	−5,000	−5,000	
		小計					10,000	5,000	5,000	
5	1	その他の財産	家庭用財産							
		小計					0	0	0	
6	1	債務	未払金 等							
		小計					0	0	0	
7	1	葬式費用	葬儀費用 等					0		
		小計					0	0	0	
相続財産合計額							370,000	310,000	60,000	
取得割合								83.78%	16.22%	
相続税額（百円未満切捨）							97,200	81,434	15,765	

特例適用前取得財産（生命保険を除く）			440,000	385,000	55,000	
遺留分		1/4		110,000	110,000	

上記の通り分割した場合の納税額は，長男が8,143万円，長女が1,576万円となる。長男は保険金1,000万円のみで納税をすることができない。長女は金融資産から納税することができる。

また，遺留分について検討すると，取得財産は相続税の特例適用前の財産額であり，かつ，生命保険金を除くと4億4,000万円となり，遺留分相当額（1/4）は1億1,000万円となる。よって，長女の相続する金額が5,500万円となっているが，遺言を作成する場合には少なくとも相続税評価上の遺留分である1億1,000万円を超える金額を相続させた方が遺留分の減殺請求を受けるリスクは減少するものと考える。

長女への遺留分対策としては，6,000万円相当の駐車場用地を長女に相続させることを検討する。一方で長男の納税資金についても検討が必要である。

3　分割案の検討②

【財産目録　分割案】

（単位：千円）

相続財産の内容								相続人		備考
No.		種類	財産形態	数量等	持分	所在地等	相続税評価額	長男	長女	
1	1	土地	自宅	330.00m²	1		100,000	100,000		
	2		貸宅地(7件)		1		168,000	168,000		
	3		駐車場(2件)		1		80,000	20,000	60,000	
	4		貸家建付地	100.00m²	1		30,000	30,000		
			小規模宅地等の特例による減額				−80,000	−80,000		
		小計					298,000	238,000	60,000	
2	1	家屋	自宅				5,000	5,000		
	2		貸家				2,000	2,000		
		小計					7,000	7,000	0	
3	1	預貯金	普通預金			○○銀行	50,000		50,000	
	2		通常貯金			□□銀行	5,000		5,000	
		小計					55,000	0	55,000	
4	1	生命保険金				○○生命	20,000	10,000	10,000	
			生命保険金の非課税				−10,000	−5,000	−5,000	
		小計					10,000	5,000	5,000	
5	1	その他の財産	家庭用財産							
		小計					0	0	0	
6	1	債務	未払金 等							
		小計					0	0	0	
7	1	葬式費用	葬儀費用 等					0		
		小計					0	0	0	
相続財産合計額							370,000	250,000	120,000	
取得割合								67.57%	32.43%	
相続税額（百円未満切捨）							97,200	65,678	31,521	

特例適用前取得財産（生命保険を除く）			440,000	325,000	115,000	
遺留分		1/4		110,000	110,000	

金融資産＋生命保険金				10,000	65,000	
納税資金				−65,678	−31,521	

長女の遺留分については，長女が駐車場用地の 6,000 万円相当額を相続することにより，相続する金額が遺留分 4 分の 1 以上となった。

長男の納税資金については，先程の分割案と比較して納税額は減少したが，生命保険金 1,000 万円に対して納税額が 6,567 万円となり，納税資金が足りていない。方法としては，①不動産を売却して納税資金を捻出する，②延納をする，③物納をすることが考えられる。

上記の納税資金対策の考え方については次ページ以降で解説をする。

Q2　金融資産が少なく納税資金が足りない

事例

私の実家は古くからの地主で，土地を多く所有しておりますが，税理士からは相続税の納税資金が足りないといわれております。相続税の納税資金や子供たちへの遺産分割も検討したいのですが，どういった手順で進めればよいでしょうか。

解説

まずは相続税の試算をして，納税資金と遺産分割について検討をする（相続税の計算方法や仕組みについては第1編Q2参照）。その上で何が問題点となっているかを生前に把握することが重要と考える。

1　地主の相続問題

地主の方が抱える一般的な相続問題は下記の通りである。

	内容	問題点
①	財産のうち不動産の占める割合が多い	原則10か月以内に金銭一括納付である相続税を納められるか？（納税資金）
②	過去の相続で持分が細分化されて，不動産が共有状態となっている	世代交代によりさらに共有化が進んでいく（不動産共有）
③	後継者に多くの不動産を相続させる	後継者以外に相続させる財産が少ない（遺産分割）

上記のほかにも様々な問題点が考えられるが，まずは相続税試算をすることで一番の課題が何かを把握することが重要と考える。

(1) 相続税試算（①納税資金が足りない場合）

【財産目録】

（単位：千円）

相続財産の内容								相続人	備考
No.		種類	財産形態	数量等	持分	所在地等	相続税評価額	長男	
1	1	土地	自宅	330.00m²	1		100,000		
	2		貸宅地（7件）		1		168,000		
	3		駐車場（2件）		1		80,000		
	4		貸家建付地	100.00m²	1		30,000		
			小規模宅地等の特例による減額				−80,000		
		小計					298,000	0	
2	1	家屋	自宅				5,000		
	2		貸家				3,000		
		小計					8,000	0	
3	1	預貯金	普通預金			○○銀行	50,000		
	2		通常貯金			□□銀行	5,000		
		小計					55,000	0	
4	1	生命保険金				○○生命	20,000		
			生命保険金の非課税				−5,000		
		小計					15,000	0	
5	1	その他の財産	家庭用財産						
		小計					0	0	
6	1	債務	未払金 等						
		小計					0	0	
7	1	葬式費用	葬儀費用 等					0	
		小計					0	0	
相続財産合計額							376,000	0	
取得割合								0.00%	
相続税額（百円未満切捨）							128,000		

＜前提＞
・将来の推定相続人：長男（同居）1名
・財産：土地3億7,800万円（自宅・貸宅地7件・駐車場2件・貸家建付地），家屋800万円（自宅・貸家），金融資産5,500万円，生命保険2,000万円
・上記財産に対する相続税の総額：1億2,800万円
・自宅の敷地については，特定居住用宅地等の要件を満たすものとして小規模宅地等の適用を受けるものとする。

本件を検証すると，相続税の総額1億2,800万円に対して，金融資産＋生命保険で7,500万円しかないため，納税資金が足りていない。よって，納税資金については，①不動産を売却して納税資金を捻出する，②延納申請をする，③物納申請をする，といった方法が考えられる。②③については後述するが，いずれの方法についても相続発生後10か月以内に何かしらの手続きが必要となるため，生前に準備をすることが重要となる。

(2) 相続税試算（②共有の場合）

＜前提＞
・将来の推定相続人：長男（同居）1名
・財産：土地2億3,900万円（自宅・貸宅地7件・駐車場2件・貸家建付地），家屋650万円（自宅・貸家），金融資産5,500万円，生命保険2,000万円
・上記財産に対する相続税の総額：6,280万円

・自宅の敷地については，特定居住用宅地等の要件を満たすものとして小規模宅地等の適用を受けるものとする。

・貸宅地，駐車場，貸家建付地，家屋については，相続の際に父が父の兄と2分の1ずつ相続しているため，父と父の兄の共有となっている。

【財産目録】

（単位：千円）

相続財産の内容								相続人	備考
No.		種類	財産形態	数量等	持分	所在地等	相続税評価額	長男	
1	1	土地	自宅	330.00m^2	1		100,000		
	2		貸宅地（7件）		1/2		84,000		共有者：兄
	3		駐車場（2件）		1/2		40,000		共有者：兄
	4		貸家建付地	100.00m^2	1/2		15,000		共有者：兄
			小規模宅地等の特例による減額				−80,000		
		小計					159,000	0	
2	1	家屋	自宅				5,000		
	2		貸家		1/2		1,500		共有者：兄
		小計					6,500	0	
3	1	預貯金	普通預金			○○銀行	50,000		
	2		通常貯金			□□銀行	5,000		
		小計					55,000	0	
4	1	生命保険金				○○生命	20,000		
			生命保険金の非課税				−5,000		
		小計					15,000	0	
5	1	その他の財産	家庭用財産						
		小計					0	0	
6	1	債務	未払金 等						
		小計					0	0	
7	1	葬式費用	葬儀費用 等					0	
		小計					0	0	
相続財産合計額							235,500	0	
取得割合								0.00%	
相続税額（百円未満切捨）							62,800		

本件を検証すると，相続税の総額6,280万円に対して，金融資産＋生命保険で7,500万円あるため，納税資金は足りている。ただし，不動産が共有となっているため，長男は父の兄（つまり叔父）と共有となってしまう。さらに，叔父に相続が発生した場合には叔父の子（つまりいとこ）との共有となってしまう。

また，仮に納税資金が足りていない場合には，納税資金捻出のために売却する場合や延納申請で担保提供をする場合に共有者の承認が必要となるため，叔父の協力が必要となる。

よって，父と父の兄が元気なうちに，後述する交換特例等により不動産の権利関係を整理しておくことが重要である。

(3) 相続税試算（③兄弟間で取得財産に差が発生する場合）

＜前提＞

・将来の推定相続人：長男（同居），次男　計2名

・財産：土地3億7,800万円（自宅・貸宅地7件・駐車場2件・貸家建付地），家屋800万円（自宅・貸家），金融資産5,500万円，生命保険2,000万円

・上記財産に対する相続税の総額：9,760万円

・自宅の敷地については，特定居住用宅地等の要件を満たすものとして小規模宅地等の適用を受けるものとする。

・長男が不動産の後継者のため，不動産はすべて長男，金融資産を長男と次男で2分の1ずつと想定する。

【財産目録】

（単位：千円）

相続財産の内容								相続人		備考
No.		種類	財産形態	数量等	持分	所在地等	相続税評価額	長男	次男	
1	1	土地	自宅	$330.00m^2$	1		100,000	100,000		
	2		貸宅地(7件)		1		168,000	168,000		
	3		駐車場(2件)		1		80,000	80,000		
	4		貸家建付地	$100.00m^2$	1		30,000	30,000		
			小規模宅地等の特例による減額				−80,000	−80,000		
		小計					298,000	298,000	0	
2	1	家屋	自宅				5,000	5,000		
	2		貸家				3,000	3,000		
		小計					8,000	8,000	0	
3	1	預貯金	普通預金			○○銀行	50,000	25,000	25,000	
	2		通常貯金			□□銀行	5,000	2,500	2,500	
		小計					55,000	27,500	27,500	
4	1	生命保険金				○○生命	20,000	10,000	10,000	
			生命保険金の非課税				−10,000	−5,000	−5,000	
		小計					10,000	5,000	5,000	
5	1	その他の財産	家庭用財産							
		小計					0	0	0	
6	1	債務	未払金 等							
		小計					0	0	0	
7	1	葬式費用	葬儀費用 等					0		
		小計					0	0	0	
相続財産合計額							371,000	338,500	32,500	
取得割合								91.24%	8.76%	
相続税額（百円未満切捨）							97,600	89,050	8,549	

本件を検証すると，長男は相続税 8,905 万円に対して，金融資産＋生命保険で 3,750 万円であるため，納税資金が足りていない。次男は相続税 854 万円に対して，金融資産＋生命保険で 3,750 万円であるため，納税資金は足りている。長男の納税資金について検討が必要となる。

財産の取得割合については，長男が 90％以上となり，取得財産に大きな差が生じている。差を調整するために検討できることは，一部不動産を次男に相続させることや長男から次男へ代償金を支払うことが考えられるが，いずれにしても親世代が生前に相続税の試算をして対策を事前に検討することが重要である。

Q3 納税を分割で行う延納制度を使いたい

事例

私の実家は古くからの地主で，土地を多く所有しておりますが，税理士からは相続税の納税資金が足りないといわれております。相続税の納税は申告期限である 10 か月以内に現金一括払いが原則と聞いておりますが，土地の地代収入があるため納税を分割で行う延納の適用を受けたいと思います。留意すべき点を教えてください。

解説

延納の適用を受けるために重要なポイントは，金銭納付が困難である理由があることである。延納を受けるための事前の対策としては，現状の推定被相続人の相続税試算のみではなく，相続人の財産と収入の状況を把握する必要がある。

1 相続税の納税方法

相続税の納税方法は，原則金銭一括納付となるが，分割払いである「延納」と金銭以外の資産で納める「物納」がある。基本的な考え方としては，相続税の納税額が金銭一括納付をすることができる金額を超える部分について延納が認められる。また，延納でも納付できないと見込まれる金額について物納が認められる。

【相続税の納税方法】

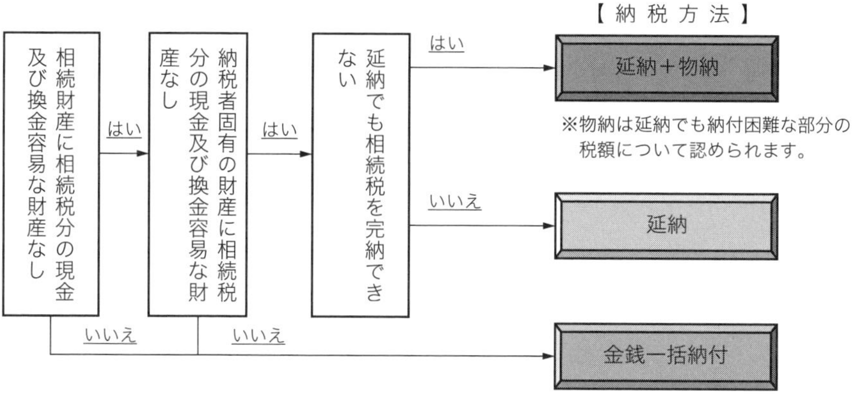

2 延納の概要（相法 38, 39）

延納の制度の概要は，以下の通りである。

【延納の要件】

ア　相続税額が 10 万円を超えること

イ　金銭納付が困難である理由があること

ウ　延納税額及び利子税額に相当する担保を提供すること

エ　相続税の納税期限までに延納申請書，担保提供書類等を税務署に提出すること

【担保の種類】

ア　国債及び地方債

イ　社債等有価証券で税務署長が確実と認めるもの

ウ　土地

エ　建物などで保険に付したもの

【担保提供関係書類の提出期限】

納付期限までに延納申請書に担保提供関係書類を添付して提出しなければならない。ただし，期限までに担保提供関係書類を提出できない場合には，延長届出書を提出することにより，1回につき3か月を限度として最長6か月まで担保提供関係書類の提出を延長することができる。

【延納期間及び延納利子税】

延納のできる期間と延納に係る利子税の割合については，その人の相続税額の計算の基礎となった財産の価額の合計額のうちに占める不動産等の割合によって下記の通りとなる。例えば，相続財産のうち不動産の割合が大きい場合（75%以上），不動産に係る相続税の延納期間は20年で，その利子は0.7%となる。

区分		延納期間（最高）	特例割合※
不動産等の割合が75%以上の場合	①動産等に係る延納相続税額	10年	1.1%
	②不動産等に係る延納相続税額（③を除く）	20年	0.7%
	③森林計画立木の割合が20%以上の森林計画立木に係る延納相続税額	20年	0.2%
不動産等の割合が50%以上75%未満の場合	④動産等に係る延納相続税額	10年	1.1%
	⑤不動産等に係る延納相続税額（⑥を除く）	15年	0.7%
	⑥森林計画立木の割合が20%以上の森林計画立木に係る延納相続税額	20年	0.2%
不動産等の割合が50%未満の場合	⑦一般の延納相続税額（⑧、⑨及び⑩を除く）	5年	1.3%
	⑧立木の割合が30%を超える場合の立木に係る延納相続税額（⑩を除く）	5年	1.0%
	⑨特別緑地保全地区等内の土地に係る延納相続税額	5年	0.9%
	⑩森林計画立木の割合が20%以上の森林計画立木に係る延納相続税額	5年	0.2%

※特例割合は平成30年1月1日現在の「延納特例基準割合」1.6%で計算している

＜出典＞国税庁HP　タックスアンサーNo.4211　相続税の延納

3　金銭納付を困難とする理由書

提出が必要な延納申請書類として「金銭納付を困難とする理由書」がある。概要としては，相続した現金預金等とその相続人の固有の現金預金等の合計額から3か月分の生活費を差し引いた金額は金銭一括納付ができる金額と考えられる。その金額を超える部分については延納を認めるということである。

例えば，本編Q1の遺産分割案②の場合，長男は生命保険金1,000万円に対して相続税の納税額が6,567万円となり納税資金が足りていなかった。長男の固有の金融資産を1,000万円，生活費を月30万円とすると，下記の通りとなる。

（延納許可限度額の計算）

6,567万円－（1,000万円＋1,000万円－30万円×3か月）＝4,657万円

長男の相続した財産のうち不動産の占める割合は75%以上であるため，担保を提供することにより4,657万円について延納期間20年，利子税の割合0.7%で延納を受けることができる。

上記の計算はあくまで延納することができる限度額を計算しており，その金額の範囲内であれば延納が認められるため，限度額は大きい方が選択の幅が広がるといえる。

そのために金銭納付を困難とする理由書についてポイントとなるのは，その相続人の固有財産と収入である。相続により取得した現預金等では納税ができない場合であっても，延納を受けようとする相続人に固有の財産が多くある場合は，その固有の財産により金銭一括納付することを求められる。あくまで延納を受けようとする相続人のみの固有資産を合計するため，配偶者や他の相続人の資産の大小は関係ない。

また，生活費は，本人・配偶者・生計一親族の収入の合計額のうち，本人の収入の占める割合を全体の生活費に乗じて計算されるため，本人以外の収入が

金銭納付を困難とする理由書

（相続税延納・物納申請用）

令和　　年　　月　　日

税務署長　殿

住　所

氏　名　　　　　　　　　　　　　　㊞

平成
令和　　年　　月　　日付相続（被相続人　　　　　　　　）に係る相続税の納付については、

納期限までに一時に納付することが困難であり
延納によっても金銭で納付することが困難であり、　、その納付困難な金額は次の表の計算のとおりであることを申し出ます。

1　納付すべき相続税額（相続税申告書第１表㉘の金額）		A	円
2　納期限（又は納付すべき日）までに納付することができる金額		B	円
3　延納許可限度額	【A−B】	C	円
4　延納によって納付することができる金額		D	円
5　物納許可限度額	【C−D】	E	円

2　納期限（又は納付すべき日）までに納付することができる金額の計算	(1)　相続した現金・預貯金等	（イ＋ロ－ハ）	【　　　円】
	イ　現金・預貯金（相続税申告書第15表㉑の金額）	（　　　円）	
	ロ　換価の容易な財産（相続税申告書第11表・第15表該当の金額）	（　　　円）	
	ハ　支払費用等	（　　　円）	
	内訳　相続債務（相続税申告書第15表㉟の金額）	［　　　円］	
	葬式費用（相続税申告書第15表㊱の金額）	［　　　円］	
	その他（支払内容：　　　　）	［　　　円］	
	（支払内容：　　　　）	［　　　円］	
	(2)　納税者固有の現金・預貯金等	（イ＋ロ＋ハ）	【　　　円】
	イ　現金	（　　　円）	←裏面①の金額
	ロ　預貯金	（　　　円）	←裏面②の金額
	ハ　換価の容易な財産	（　　　円）	←裏面③の金額
	(3)　生活費及び事業経費	（イ＋ロ）	【　　　円】
	イ　当面の生活費（３月分） うち申請者が負担する額	（　　　円）	←裏面⑪の金額×3/12
	ロ　当面の事業経費	（　　　円）	←裏面⑭の金額×１/12
	Bへ記載する	【(1)＋(2)－(3)】	B　【　　　円】

4　延納によって納付することができる金額の計算	(1)　経常収支による納税資金 （イ×延納年数（最長20年））＋ロ	【　　　円】	
	イ　裏面④－（裏面⑪＋裏面⑭）	（　　　円）	
	ロ　上記２(3)の金額	（　　　円）	
	(2)　臨時的収入	【　　　円】	←裏面⑮の金額
	(3)　臨時的支出	【　　　円】	←裏面⑯の金額
	Dへ記載する	【(1)＋(2)－(3)】	D　　　円

添付資料

□　前年の確定申告書（写）・収支内訳書（写）

□　前年の源泉徴収票（写）

□　その他（　　　　　　　　　　　　）

（裏面）

1　納税者固有の現金・預貯金その他換価の容易な財産

手持ちの現金の額			①	円
預貯金の額	/　（　　円）	/　（　　円）	②	円
	/　（　　円）	/　（　　円）		
換価の容易な財産	（　　円）	（　　円）	③	円
	（　　円）	（　　円）		

2　生活費の計算

給与所得者等：前年の給与の支給額 事業所得者等：前年の収入金額	④	円
申請者　100,000円　×　12	⑤	1,200,000円
配偶者その他の親族　（　　人）×45,000円　×　12	⑥	円
給与所得者：源泉所得税、地方税、社会保険料（前年の支払額） 事業所得者：前年の所得税、地方税、社会保険料の金額	⑦	円
生活費の検討に当たって加味すべき金額 （加味した内容の説明・計算等　　）	⑧	円
生活費（1年分）の額　（⑤＋⑥＋⑦＋⑧）	⑨	円

3　配偶者その他の親族の収入

氏名	（続柄　　）	前年の収入　（　　円）	⑩	円
氏名	（続柄　　）	前年の収入　（　　円）		
申請者が負担する生活費の額　⑨×（④/（④＋⑩））			⑪	円

4　事業経費の計算

前年の事業経費（収支内訳書等より）の金額	⑫	円
経済情勢等を踏まえた変動等の調整金額 （調整した内容の説明・計算等　　）	⑬	円
事業経費（1年分）の額　（⑫＋⑬）	⑭	円

5　概ね1年以内に見込まれる臨時的な収入・支出の額

臨時的収入		年　月頃（　　円）	⑮	円
		年　月頃（　　円）		
臨時的支出		年　月頃（　　円）	⑯	円
		年　月頃（　　円）		

多い場合には本人負担となる生活費の額が減少するため，延納許可限度額が少なくなるといえる。

よって，延納を受けたい場合には，延納を受けようとする相続人に現金や収入があると不利になるということがいえるため，生前に検討が必要となる。具体的な検証は次のQ以降で検証をする。

Q4 延納制度にデメリットはあるか

事例

私は生前贈与により父から毎年現金贈与を受けております。延納の概要については理解しましたが，私が金融資産を多く持つと，父の相続があった時に延納を受けることができないということでしょうか。また，延納を受けるために父が生前のうちにできることはありますか。

解説

前述のとおり，延納の適用を受けるために重要なポイントは，金銭納付が困難である理由があることである。推定相続人に現金預金や換価容易な資産がある場合には延納を受けることができる金額は限られてしまう。よって，延納を受けるためには現金預金や換価容易な資産を持たないことがポイントとなるため，生前贈与により現金の贈与を受けている場合には，理論的には延納許可限度額が減少してしまう。ただし，相続税対策として当然に生前贈与は有効であるため，その資金の使い方を検討することや受贈者を孫にする等の考え方がある。資金の使い方としては，例えば資産管理会社を活用することが考えられる。

1 延納の具体的計算

Q1の遺産分割案②の場合を例とする。長男は生命保険金1,000万円に対して相続税の納税額が6,567万円となり納税資金が足りていなかった。

【財産目録】

（単位：千円）

相続財産の内容								相続人		備考
No.		種類	財産形態	数量等	持分	所在地等	相続税評価額	長男	長女	
1	1	土地	自宅	330.00m^2	1		100,000	100,000		
	2		貸宅地（7件）		1		168,000	168,000		
	3		駐車場（2件）		1		80,000	20,000	60,000	
	4		貸家建付地	100.00m^2	1		30,000	30,000		
			小規模宅地等の特例による減額				−80,000	−80,000		
		小計					298000	238000	60,000	
2	1	家屋	自宅				5,000	5,000		
	2		貸家				2,000	2,000		
		小計					7,000	7,000	0	
3	1	預貯金	普通預金			○○銀行	50,000		50,000	
	2		通常貯金			□□銀行	5,000		5,000	
		小計					55,000	0	55,000	
4	1	生命保険金				○○生命	20,000	10,000	10,000	
			生命保険金の非課税				−10,000	−5,000	−5,000	
		小計					10,000	5,000	5,000	
5	1	その他の財産	家庭用財産							
		小計					0	0	0	
6	1	債務	未払金 等							
		小計					0	0	0	
7	1	葬式費用	葬儀費用 等					0		
		小計					0	0	0	
相続財産合計額							370,000	250,000	120,000	
取得割合								67.57%	32.43%	
相続税額（百円未満切捨）							97,200	65,678	31,521	

特例適用前取得財産（生命保険を除く）			440,000	325,000	115,000	
遺留分		1/4		110,000	110,000	

金融資産＋生命保険金				10,000	65,000	
納税資金				−65,678	−31,521	

Q3で想定した延納許可限度額の前提は，長男の固有の金融資産を1,000万円，

生活費を月 30 万円としていたため，下記の通りとなった。

（延納許可限度額の計算）

6,567 万円－（1,000 万円＋1,000 万円－30 万円×3 か月）＝4,657 万円

仮に長男の金融資産が 6,000 万円，生活費を月 30 万円とすると延納許可限度額は下記の通りとなる。

（延納許可限度額の計算）

6,567 万円－（1,000 万円＋6,000 万円－30 万円×3 か月）＝△ 343 万円

つまり，長男の金融資産が多い場合には延納の許可を受けることができず，自らの財産から優先的に納税をしなければならない。

2　相続人の金融資産

長男の金融資産が多いケースとしては，本人の収入が多い場合もあるが，相続対策として生前贈与を受けていることで金融資産が増えている場合がある。生前贈与として現金等の贈与を受けることは，相続税の対策にもなり，かつ，相続税の納税資金をプールすることができるため，相続対策として有効な方法の一つであることは間違いないが，金銭一括納付が原則である相続税の納税に関して考えるとそのプールされた資金はすべて納税に使われてしまう。

延納を受けるための戦略としては，相続人に金融資産を多く持たせないことが必要となるため，例えば，贈与を受けた現金で資産管理会社を設立し，不動産の一部を資産管理会社に売却して，相続人個人の財産は極力，換価容易でない資産（非上場会社の株式）に組み替えることで金銭納付困難な理由を持つことができる（ただし，資産管理会社を設立して不動産を売却する場合には十分なシミュレーションが当然に必要と考える）。

また，金銭納付が困難であることは相続人本人の固有資産が対象となるため，現金贈与は引き続き孫世代を中心に行うとよいと考えられる。

Q5 延納が難しいので物納制度を使いたい

事例

私の実家は代々地主です。父は貸宅地を多く所有しており，将来は長男である私がその土地を相続する予定です。父の相続税の試算をしたところ，納税額に対して納税資金が足りません。また，貸宅地についても古くからの地代設定で値上げ更新をしていないため，受け取る地代はかなり安く，地代の収支では延納によっても納税することが難しい見込みです。よって，物納による納税を考えておりますが，その概要とポイントを教えてください。

解説

物納により納税する場合のポイントは，下記と考えられる。

① 所有する不動産の順位付け
② 物納が有利か，売却が有利かの検証
③ 遺産分割
④ 金銭納付を困難とする理由書
⑤ 条件整備

1 物納の概要（相法41～45）

物納の概要については下記の通りである。

【物納の要件】

□ 「金銭納付を困難とする理由書」にて，物納許可限度額を計算し，物納する金額がその許可限度額の範囲内の金額であること（金銭一括納付が困難であり，かつ，延納によっても金銭で納付することが困難であること

□ 物納申請財産は次に掲げる日本国内にある財産であること

第 1 順位　不動産，船舶，国債証券，地方債証券，上場株式等

第 2 順位　非上場株式等

第 3 順位　動産

□ 物納に充てることができる財産は，管理処分不適格財産に該当しないこと。また，物納劣後財産に該当する場合には他に物納に充てるべき適当な財産がないこと

※　管理処分不適格財産とは，不動産については下記のようなものをいう。

・担保が設定されている土地

・境界が明らかでない土地

・隣接不動産の所有者等と訴訟によらなければ通常の使用ができないと見込まれる土地

・借地権の目的となっている土地で，その借地権を有する者が不明であること

※　物納劣後財産とは不動産については下記のようなものをいう。

・地上権，永小作権もしくは工作を目的とする賃借権等が設定されている土地

・法令の規定に違反して建築された建物及びその敷地

・建築基準法第 43 条第 1 項に規定する道路に 2 メートル以上接していない土地

□　物納しようとする相続税の納付期限までに物納申請書に物納手続き関係書類を添付して税務署長に提出すること

※　上記物納申請期限までに物納手続関係書類を提出できない場合には，物納手続関係書類提出期限延長届出書を提出することにより期限を延長することができる。1回の提出につき3か月延長することができ，最長で1年間提出期限を延長することができるため，実務的にはその期間で条件整備を整えることになる。

【物納の収納価額】

相続税評価額となるため，前述の通り，売却できるものであればその売却代金との比較検討が必要である。

【物納許可までの審査期間】

物納申請書が提出された場合，税務署長はその物納申請期限から3か月以内に許可又は却下を行う。また，物納の許可がおりるまでの期間については利子税が発生する。

2　物納のポイント

(1)　所有する不動産の順位付け

まずは必ず残すべき土地，残した方がいい土地，処分してもいい土地といったように不動産を仕分けすべきである。つまり，所有する土地に順位をつけて，下の順位から物納に充てていくべきと考えられる。物納とはその土地を国に引き渡すことであるため，残すべき土地は物納の対象から外すべきである。

(2)　物納が有利か，売却が有利かの検証

次に物納による納税が本当に有利かどうかについて検討をすべきである。物納により納税をする場合の収納価額は基本的には相続税評価額であるが，借地

人がその相続税評価額以上で買い取ってくれるのであればその方が有利である。具体的には，売却した場合には譲渡税が発生するため，譲渡税を20％程度と仮定すると，相続税評価額の1.25倍以上で売却できるかどうかが目安となり，それよりも高く売れない場合には，相続税評価額で物納をした方が有利といえる。

(3) 遺産分割

物納をする場合には，他の相続人の協力も不可欠であると考える。長男であるあなたが不動産を相続できるかどうかは，他の兄弟との遺産分割協議（遺言があれば遺言）により決めることになるが，その相続分で争いがある場合には物納による納税は難しいといえる。なぜならば，父の相続税の税率が50％と仮定すると，物納をする相続人に，物納をする予定の土地とその土地と同額程度の資産を相続させないと，納税額が物納予定の土地の評価額に達しないことになってしまう。つまり，物納する土地の評価額以上の納税額を物納をする相続人に負担させる必要があるため，ある程度の資産をその相続人に集中させる必要があるため，他の兄弟との相続分に偏りが出ることが多い。

(4) 金銭納付を困難とする理由書

物納により納税をする場合には，金銭納付が困難であり，また，延納によっても納税ができないという状況が必要となる。よって，長男であるあなたが相続する予定の換価容易な資産，あなた自身の所有する換価容易な資産が少なく，かつ，相続する予定の貸宅地の収支，あなた自身の収入が少ないことが物納を受けるための条件となる。

(5) 条件整備

物納の許可を受けるためには，隣地との境界確認や適正地代を受け取っているか，など条件整備が必要となり，条件を整えるだけでもかなりの時間を要するため，物納を見込んでいる土地については，生前に準備をしておいた方がよい。

次ページ以降にて，具体的なシミュレーションを行う。

Q6 物納を実際に適用した場合のシミュレーション

事例

Q5の通り，私の実家は代々地主ですが父の相続時における納税資金が足りません。将来は長男である私がその土地を相続する予定ですが，物納による納税を検討したいと思います。具体的なシミュレーションをしたいと思いますが，どのように考えればよろしいでしょうか。

解説

Q5に記載した通り，物納により納税する場合のポイントは，下記と考えられる。

① 所有する不動産の順位付け

② 物納が有利か，売却が有利かの検証

③ 遺産分割

④ 金銭納付を困難とする理由書

⑤ 条件整備

1 相続税額の試算

まずは下記を前提として相続税額の試算をする。

＜前提＞

・将来の推定相続人：長男，長女，次女　3名

・財産：不動産10億円（自宅・別荘・貸家及び貸家建付地2件・貸宅地8件・更地2件），金融資産2億円

・上記財産に対する相続税の総額：4億5,000万円

・遺産分割案としては，不動産のうち，収益物件である貸家及び貸家建付地と金融資産を長女と次女で相続し，長男が他の不動産を相続する

・小規模宅地等の特例については考慮していない

【財産目録】

（単位：千円）

相続財産の内容					相続人			備考
No.		種類	財産形態	相続税評価額	長男	長女	次女	
1	1	不動産	自宅（土地建物）	250,000	250,000			
	2		別荘（土地建物）	50,000	50,000			
	3		貸家・土地	100,000		100,000		
	4		貸家・土地	100,000			100,000	
	5		貸宅地 A	40,000	40,000			
	6		貸宅地 B	60,000	60,000			
	7		貸宅地 C	45,000	45,000			
	8		貸宅地 D	30,000	30,000			
	9		貸宅地 E	60,000	60,000			
	10		貸宅地 F	50,000	50,000			
	11		貸宅地 G	55,000	55,000			
	12		貸宅地 H	80,000	80,000			
	13		更地	50,000	50,000			
	14		更地	30,000	30,000			
			小規模宅地等の減額					
		小計		1,000,000	800,000	100,000	100,000	
2	1	預貯金	普通預金	200,000		100,000	100,000	
		小計		200,000	0	100,000	100,000	
相続財産合計額				1,200,000	800,000	200,000	200,000	
取得割合					66.67%	16.67%	16.67%	
相続税額（百円未満切捨）				450,000	300,015	75,015	75,015	

特例適用前取得財産（生命保険を除く）	1,200,000	800,000	200,000	200,000	
遺留分		200,000	200,000	200,000	

金融資産＋生命保険金		0	100,000	100,000	
納税資金		−300,015	−75,015	−75,015	

上記の通り，長男は納税約３億円となるが納税資金が足りないため，延納及び物納の検討をする。

2 所有する不動産の順位付けと物納と売却のいずれが有利かの検証

物納を検討するにあたり，残すべき不動産か納税として差し出してもよい不動産か，について検討が必要である。その上で納税として差し出してもいい不動産については物納が有利か，売却が有利かを検証する。

【所有不動産の内訳】

（単位：千円）

No	種類	相続税評価額	時価	比率	備考
1	自宅（土地建物）	250,000	300,000	1.20	
2	別荘（土地建物）	50,000	60,000	1.20	
3	貸家・土地	100,000	120,000	1.20	長女相続予定
4	貸家・土地	100,000	120,000	1.20	次女相続予定
5	貸宅地 A	40,000	50,000	1.25	地代未払あり
6	貸宅地 B	60,000	65,000	1.08	
7	貸宅地 C	45,000	50,000	1.11	
8	貸宅地 D	30,000	35,000	1.17	
9	貸宅地 E	60,000	80,000	1.33	
10	貸宅地 F	50,000	60,000	1.20	隣地所有者と係争中
11	貸宅地 G	55,000	50,000	0.91	
12	貸宅地 H	80,000	110,000	1.38	
13	更地	50,000	55,000	1.10	道路 2m 接していない
14	更地	30,000	50,000	1.67	
		1,000,000	1,205,000		

(1) 不動産の順位付け

まずは不動産の順位付けを行う。

□ 必ず残すべき土地 → 1の自宅，3・4の貸家・土地（長女次女に相続予定）

□ どちらかというと残したい土地 → 2の別荘

□　どちらでもよい土地　→　5〜14

(2) 物納か売却か（5〜14について）

売却した場合には，譲渡税が約20%発生するため，売却価額が相続税評価額の1.25倍以上であることが売却の目安となる。

□　相続税評価と時価との比率が1.25以上　→5，9，12，14

□　相続税評価と時価との比率が1.25未満　→6，7，8，10，11，13

上記を考慮した場合の内訳は以下の通りとなる。

【所有不動産の内訳】

（単位：千円）

No	種類	相続税評価額	時価	比率	備考	方向性
1	自宅（土地建物）	250,000	300,000	1.20		保有
2	別荘（土地建物）	50,000	60,000	1.20		保有
3	貸家・土地	100,000	120,000	1.20	長女相続予定	保有
4	貸家・土地	100,000	120,000	1.20	次女相続予定	保有
5	貸宅地A	40,000	50,000	1.25	地代未払あり	売却
6	貸宅地B	60,000	65,000	1.08		物納
7	貸宅地C	45,000	50,000	1.11		物納
8	貸宅地D	30,000	35,000	1.17		物納
9	貸宅地E	60,000	80,000	1.33		売却
10	貸宅地F	50,000	60,000	1.20	隣地所有者と係争中	物納
11	貸宅地G	55,000	50,000	0.91		物納
12	貸宅地H	80,000	110,000	1.38		売却
13	更地	50,000	55,000	1.10	道路2m接していない	物納
14	更地	30,000	50,000	1.67		売却
		1,000,000	1,205,000			

物納予定のうち，10は隣地所有者と係争中で管理処分不適格財産であり，13は道路に2m以上接していないため物納劣後財産となるため，外して考える。

また，5 は地代が未払いとなっているため，借地人による買取りは難しいと考えられる。

よって物納ができる可能性が高い物件の合計が 1 億 9,000 万円（6，7，8，11），売却できる物件の合計が 2 億 4,000 万円（9，12，14）となり，組み合わせによって税額 3 億円についての納税の目途は立ちそうである。

3 遺産分割と金銭納付を困難とする理由書

上記は納税資金が足りなくて困るという視点でシミュレーションをしたが，貸宅地の管理は手間であるため，積極的に物納で貸宅地を処分したいという視点に切り替えた場合はどのように考えるべきか。

前述の通り，物納にたどり着くためには「金銭納付困難」であることが必要となる。仮に上記の遺産分割で，長男自身が金融資産を多く所有し，収入も多い場合にはどのようになるか。結論としては，その金融資産は優先的に納税に充てられ，延納できる金額も多くなるため，物納許可限度額は少なくなってしまうであろう。

つまり，物納に充てたい土地がある場合には，金銭納付が困難であり，延納によっても納税ができない相続人にその土地を相続させる必要がある。そのためには計画的な遺産分割が必要となる。

例えば，時価も低く，利回りも低くなっている 11 の貸宅地 G を物納したいと考えた場合，固有の資産も収入もない長女がその土地を相続して物納に充てるものとする。

【財産目録】

（単位：千円）

相続財産の内容					相続人			備考
No.		種類	財産形態	相続税評価額	長男	長女	次女	
1	1	不動産	自宅（土地建物）	250,000	250,000			
	2		別荘（土地建物）	50,000	50,000			
	3		貸家・土地	100,000		100,000		
	4		貸家・土地	100,000			100,000	
	5		貸宅地 A	40,000	40,000			
	6		貸宅地 B	60,000	60,000			
	7		貸宅地 C	45,000	45,000			
	8		貸宅地 D	30,000	30,000			
	9		貸宅地 E	60,000	60,000			
	10		貸宅地 F	50,000	50,000			
	11		貸宅地 G	55,000		55,000		
	12		貸宅地 H	80,000	80,000			
	13		更地	50,000	50,000			
	14		更地	30,000		30,000		
			小規模宅地等の減額					
		小計		1,000,000	715,000	185,000	100,000	
2	1	預貯金	普通預金	200,000	85,000	15,000	100,000	
		小計		200,000	85,000	15,000	100,000	
相続財産合計額				1,200,000	800,000	200,000	200,000	
取得割合					66.67%	16.67%	16.67%	
相続税額（百円未満切捨）				450,000	300,015	75,015	75,015	
特例適用前取得財産（生命保険を除く）				1,200,000	800,000	200,000	200,000	
遺留分					200,000	200,000	200,000	
金融資産＋生命保険金					85,000	15,000	100,000	
納税資金					−300,015	−75,015	−75,015	

長女は 3，11，14 の不動産と預金 1,500 万円を引き継ぐものとする。納税額は約 7,500 万円となる。まずは，金銭一括納付として預金 1,000 万円（別途経費等で 500 万円かかったとする）を納税に使う。次に延納として引き継いだ 3 の

家賃収入で1,000万円の延納ができるものとする。残額の5,500万円が物納許可限度額となり，想定通り11の土地を物納に充てることができた（当然に長男の納税についても目途が立っている前提である）。

物納をすることにスポットをあてると，相続人が金銭納付困難であるかどうかを加味しながら，遺産分割を検討することも考えられる。よって，相続に争いがある場合にはそもそも物納は成り立たないと考えられる。

4　条件整備

物納申請期限は納税期限と同じであるが，最長で1年間延長をすることができる。それまでに物納を予定する土地については条件整備をする必要がある。具体的には，隣地との境界確認，貸宅地であれば借地人と契約，地代の収受状況の確認などであり，時間がかかることが想定される。上記のようなシミュレーションをしておくことで，相続前に準備を進めることができれば，余裕をもって申請手続きを進めることができる。

5　物納にむけて

上記の通り，「机上」でのシミュレーションを行ったが，実務的には，「時価はどうやって算定するのか」「借地人との交渉はどのようにすればよいか」「スケジュール通りに売却ができるのか」といった点が問題となる。物納については，税理士のみで進めるには限界があると思われる。専門の不動産のプロとともに進めることをお勧めする。

Q7 相続した不動産を売却すべきタイミング

事例

私は代々地主で，財産のうち不動産の占める割合が高く，土地を引き継がない非後継者である子への遺産分割や相続税の納税資金に不安があります。残すべき不動産と売却予定の不動産は決まっており，売却予定の不動産はキャッシュ化して，非後継者への分割資金や相続税の納税資金に充てたいと考えております。そのような不動産を生前に売却する場合と相続後に売却する場合で違いはありますか。それぞれメリットやデメリットを教えてください。

解説

相続発生前に不動産を売却する場合には相続税評価額が上昇する可能性があるが，遺産分割がしやすくなることや納税資金の確保ができるメリットがある。反対に，相続発生後に売却する場合には，遺産分割や納税資金の点で難しくなるが，相続税評価は抑えられているといえる。よって，不動産を売却する場合には，どちらがよいかというよりは，バランスよく検討する必要があると考えられる。

1 生前に売却か，相続後に売却か

不動産を生前に売却する場合と相続後に売却する場合のメリット・デメリッ

トは下記の通りと考えられる。

項目	生前売却	相続後売却 （10か月以内）	相続後売却 （10か月超）
(1) 遺産分割	○	△	△
(2) 納税資金（一括）	○	△	×
(3) 納税資金（延納・物納）	×	×	○
(4) 相続税評価	×	○	○
(5) 譲渡税	×	○	○
(6) 小規模宅地	×	×	○

（○→メリットあり，△→内容による，×→デメリット）

(1) 遺産分割

生前に売却すれば不動産が現金に変わるため，不動産を引き継がない非後継者への分割資金や遺留分対策となる。相続後の売却の場合には，非後継者に売却予定の不動産を相続させた上で非後継者が売却をすれば同じであるが，非後継者が自分で不動産を売却する必要がある。

(2) 納税資金（一括）

生前に売却した場合には不動産が現金に変わるため，納税資金を確保することができる。相続後の売却の場合には，10か月以内であれば納税資金に充てることはできるが，売るタイミングは限られてしまう。

(3) 納税資金（延納・物納）

延納や物納は「金銭納付を困難とする理由書」を作成する必要があり，生前や10か月以内に売却して資金化されたものは，基本的には金銭一括納付に充てる計算になるため，延納や物納の許可限度額の枠は減ることになる。

(4) 相続税評価

相続開始の時点での相続財産が不動産の場合，土地は路線価評価，建物は固定資産税評価額となり，一般的には時価より低く評価される。よって，不動産で相続をした方が相続税対策となると考えられる。

(5) 譲渡税

相続発生後3年10か月以内に不動産を売却した場合には，相続税の取得費加算の特例の適用があるため，生前に売却するよりは相続後に売却した方が譲渡税は安くなると考えられる。

(6) 小規模宅地等の特例

生前に売却した不動産については当然に小規模宅地等の特例の適用を受けることはできない。相続開始後10か月以内の売却の場合も保有要件を満たさないため適用を受けることはできない（配偶者が特定居住用宅地等を相続した場合を除く）。ただし，本問の前提としては他に残すべき土地があるため影響はないものと考えられる。

2 まとめ

遺産分割，納税資金，税金の観点から比較をしたが，そもそも不動産は「売り時」に売ることが基本的な考え方になるだろう。上記のメリットやデメリットを留意し，売却のタイミングを計りながら，バランスよく売却することが重要と考えられる。

Q8 借入でアパートを建築すると相続税は低くなるか

事例

私は先代から土地を引き継いだ地主（65才）ですが，そろそろ子供に相続をさせるための準備をしたいと思っています。私が所有している財産は主に土地ですが，他の資産を含めて10億円ほどの相続税評価になっているようです。一般的な対策として，銀行から借入をしてアパートを建築した場合に相続税が安くなるというものがあると思います。その概要と留意すべき点について教えてください。

解説

借入をしてアパートを建築した場合，一般的には建築した建物の相続税評価と借入金の債務控除できる金額との差額がマイナスとなるため，全体的な財産額が圧縮される効果がある。

留意すべき点としては，①キャッシュフロー，②空室リスク，③他の税金への影響，④小規模宅地等の特例の改正があげられる。

1　借入してアパート建築をする場合の概要

相続対策の王道であるため簡潔に解説するが，財産評価基本通達にそって整理すると以下の通りとなる。

【土地の評価（財基 11，26）】

□　自用地　路線価又は倍率方式で評価

□　貸家建付地　自用地価額×（1－借地権割合×借家権割合×賃貸割合）

【家屋の評価（財基 89，93）】

□　自用家屋　固定資産税評価額

□　貸家　自用家屋評価額×（1－借家権割合×賃貸割合）

【借入金の債務控除（相法 13）】

□　被相続人の債務で相続開始の際に現に存するもの

よって，建築したアパートの相続税評価額は固定資産税評価額の 70%だが，債務控除できる金額は借り入れた金額をすべて控除できるため，一般的には借入金額の 50%程度のマイナスが発生する。また，更地となっている土地に建築する場合は，土地の評価も下がるため，さらに評価の差額が発生する。

【借入してアパート建築した場合のイメージ】

10億円の財産所有者が更地に3億円のアパートを建築した場合

※　借地権割合70%、借家権割合30%、賃貸割合100%、家屋の固定資産税評価額は時価の60%とする

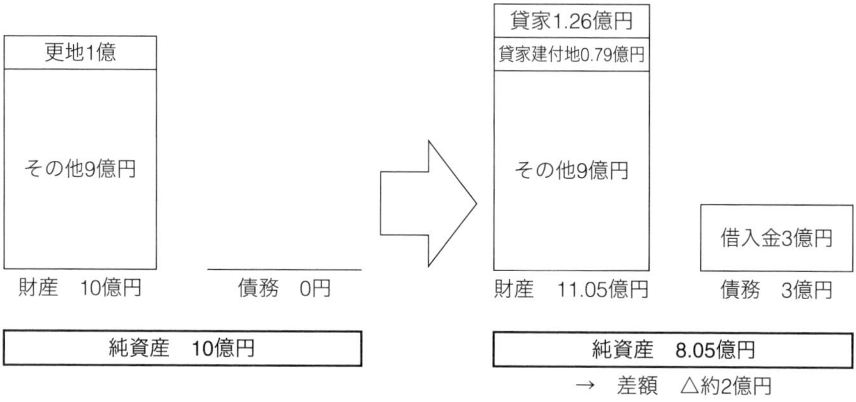

2　留意点

借入してアパート建築する場合の留意点は下記の通りである。

(1) キャッシュフロー

銀行に借入をするため，当然に返済計画通りの返済が必要となる。基本的には，建築したアパート単体の家賃収入で借入金の元利金の返済だけでなく，固定資産税や維持管理費を払える計画が必要と考える。さらに，その計画には将来の修繕費も予測に入れた上で検討をすべきである。相続税対策のみで考えるのは大変危険であるため，キャッシュフローの予測を綿密にした上で，慎重に検討するべきと考える。

(2) 空室リスク

アパート経営をする上では当然に負うリスクであるため，上記予測とともにある程度想定をしておく必要がある。なお，アパート建築後，サブリース会社に一括貸しをすることにより，リスクを抑えることができるが，空室リスクがサブリース会社に対するリスクに切り替わるだけであるともいえる。

また，空室になった場合にはキャッシュフローが苦しくなるだけでなく，賃貸割合が下がるため，相続税評価も上がってしまうことに留意する。

(3) その他の税金

更地にアパートを建築した場合において，他の税金について留意すべき点は下記の通りである。

税目	内容
所得税	所得が増えるため，所得税・住民税の負担が増加する なお，キャッシュフローがプラスになることにより，相続財産は毎年増加するため，実行後も相続税試算により税額の確認は継続すべきである
消費税	居住用物件を建築した場合には，消費税の課税仕入れが控除対象外になる（令和２年度税制改正大綱より）
固定資産税	住宅用地に該当した場合には，更地の場合と比較して固定資産税が安くなるため有利である

(4) 小規模宅地等の特例の改正

相続開始の時点において，貸付事業の用に供されていた宅地等については，一定の要件を満たした場合，200m² まで50％の減額ができる（措法69の4)。一定の要件とは，申告期限まで継続して貸付事業を行い所有していることであるが，平成30年度の税制改正により，「相続開始前3年以内に新たに貸付事業の用に供された宅地等」については，特例の対象から除かれる※こととなった。

ただし，相続開始の日まで3年を超えて引き続き「事業的規模」で不動産貸付を行っていた被相続人が，新たに賃貸を開始したものについては特例を受けられる。よって，イメージとしては，事業的規模で不動産を貸し付けている地主が新たに建築する場合は対象となるが，相続対策として相続直前に建築をするような場合には対象とならない可能性がある。

※　令和3年3月31日までの間に相続した宅地等のうち，平成30年3月31日までに貸付事業の用に供された宅地等については特例の対象となる経過措置あり。

Q9 タワーマンションで相続税は低くなるか

事例

Q8で借入金をしてアパート建築をした場合の留意点は理解しました。同じように貸付用のタワーマンションを購入して賃貸する場合にも財産額の圧縮効果があると思いますが，最近，相続税評価額が否認されたと聞きました。その概要を教えてください。

解説

借入をしてタワーマンションの一室を購入した場合，Q8と同様に，購入した建物と土地の敷地権の相続税評価と借入金の債務控除できる金額との差額がマイナスとなるため，全体的な財産額が圧縮される効果がある。

相続税が圧縮される概要や留意点はQ8とほぼ同じであるが，特に（4）に記載した小規模宅地等の特例が受けられない場合がある点は，土地単価が高いタワーマンションについては大きな影響があると考えられる。

また，タワーマンションについては時価と相続税評価との差額が大きいため，評価額が見直されるという議論がされてきたが，現時点においては特に改正がされていない（平成29年の税制改正により固定資産税の取扱いが一部改正されている）。

ただし，令和1年8月27日に東京地方裁判所にて時価と相続税評価が乖離している不動産については，財産評価基本通達6項に基づき，時価により評価すべきという判決が出ているので概要を記載する。

1 事案の概要

被相続人甲は，相続開始の3年ほど前にA不動産を8.3億円で，B不動産を5.5億円で購入し，購入資金として銀行から約10億円の借入をしていた。その後，甲に相続が発生した際にA不動産を2億円，B不動産を1.3億円で評価して，借入金10億円を債務控除して相続税の申告をした。結果的には債務控除の金額が大きくなったため，相続人は相続税をゼロとして申告をした。

これに対して税務署は財産評価基本通達6項に基づき，A不動産が7.5億円，B不動産が5.2億円による評価が適正であるものとして更正処分を行った。その後，国税不服審判所の裁決を経て提訴されたが，令和1年8月27日に東京地裁にて，6項の評価を認め，納税者の主張を棄却した（平成29年（行ウ）第539)。

なお，相続人は相続開始の9か月後にB不動産を5.1億円で第三者に売却していた。

【時系列と評価金額等】

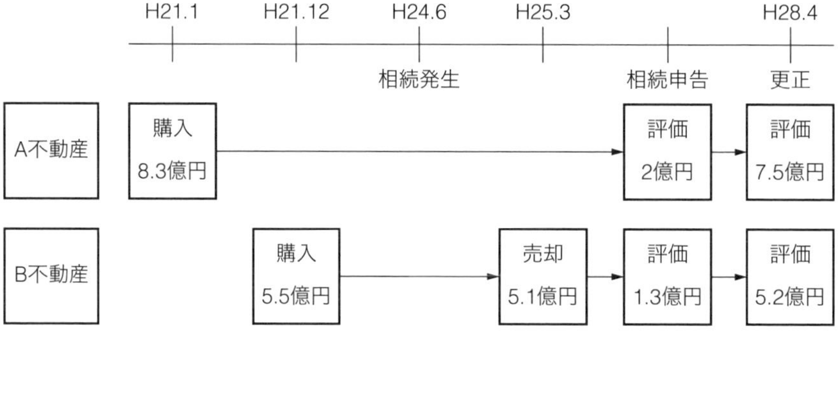

2 総則6項の適用

財産評価基本通達6項は下記の通りである。

「この通達の定めによって評価することが著しく不適当と認められる財産の価額は，国税庁長官の指示を受けて評価する。」

財産評価基本通達によると，土地の評価は路線価方式や倍率方式で評価し，建物の評価は固定資産税評価額により評価をする。また，賃貸している場合には，土地は貸家建付地評価，建物は貸家評価となり，一定の要件を満たす場合には土地については小規模宅地等の特例の適用を受けることができる。そのため，借入をして不動産を購入した場合には相続財産が圧縮されるという点はQ8で説明した通りである。

本事案については，通達上の評価は適当ではなく，国税庁長官の指示を受けた評価額，すなわち時価により評価すべきという結論となったわけだが，そのポイントは下記の通りと考えられる。

□ 通達の評価額と売買価額・鑑定価額が乖離（4倍程度）していたこと

□ 銀行の稟議書において，相続税の節税のため購入した旨の記載があり，相続税の負担を減少させる目的であったことが確認されたこと

□ 借入金と不動産の購入がなければ相続財産は6億円を超えていたが，結果的に相続税が課されなかったことは租税負担の公平を著しく害することが明らかであること

＜参考＞

・税務通信3570号

Q10　不動産管理会社を設立するメリットは

事例

私は65才ですが，そろそろ下の世代への資産承継を考えております。私が先代から相続した資産の多くは古くからの賃貸アパートとその敷地です。先代の時に税理士から不動産管理会社の設立を勧められたようですが，現在私の代で不動産管理会社を設立するメリットはありますか。法人設立の概要とそのメリットとデメリットを教えてください。

解説

法人を設立する場合は，長い目で見れば相続税対策となるが，根本的には所得税対策であるため，所得税と法人税の比較だけでなく，将来的な相続税評価額等の長期間に対するシミュレーションをすべきと考えられる。

1　不動産管理会社の設立

不動産管理会社を設立することで，個人所有の不動産の家賃収入を法人にシフトすることにより，所得が分散されてトータル的に世帯で支払う税金が少なくなるという考え方である。不動産管理会社を設立する場合，アパート経営をしている地主の方が家賃収入を分散させるために検討することが多いため，アパート経営者を前提とする。

不動産管理会社で所得分散する方法には下記3パターンがあげられる。

方法	概要	収入比	手続	所得税の効果
A 管理方式	法人が個人所有の物件を管理	個人 90〜95：法人 10〜5	簡便	小
B サブリース方式	法人が個人所有の物件を一括借上げ	個人 80〜85：法人 20〜10	簡便	中
C 売却方式（建物のみ）	法人が個人所有の物件を購入	法人 100	煩雑	大

どの方法を採用するか（もしくは法人設立をすべきかどうかも含めて）については，下記のポイントを総合的に検討することになる。

ポイント	概要
所得税の最高税率	目安としては所得が 1,800 万円を超える人（所得税・住民税の税率が50%を超える方）は検討をすべきである
年齢	C の場合は相続税評価額が上がるため，高齢の人は所得税の減額と相続税の増加額との比較検討が必要である
建物の簿価	C の場合は建物の売却価額を簿価とするケースが多いが，古い物件の場合には簿価が 1 円の場合もあり，その場合には不動産鑑定等の検討が必要となる
借入金	C の場合で建物の簿価よりもその建物に対する借入金が大きい場合には建物の売買価格を検討する必要がある
賃借人	B，C の場合で，賃借人の事情により，賃貸人の変更ができないような場合にはそもそも実行ができないことがある
消費税	事業用のテナントが入っているような場合には，消費税の届出等の事前確認をする必要がある

2 メリット，デメリット

不動産管理会社を設立する場合のメリットとデメリットは以下の通りと考えられる。

【A，Bの場合】

メリット	デメリット
簡単に手続きができる	所得の分散効果は小さい
相続税評価額は増加しない （サブリースの場合には空室による自用地評価を防ぐ対策にもなりうる）	管理やサブリースについては実体がない場合には税務上否認される可能性がある

【Cの場合】

メリット	デメリット
所得分散の効果が大きい	相続税評価額が増加する
元々個人に借入金がある場合には実質的にリスケジュールができる	元々個人に借入金がない場合にはキャッシュフローが悪くなる
家賃収入が個人に溜まらなくなるので長期的には相続税対策となる	法人等を新たに設立するため，各種手続きやコストが発生する

Q11 小規模宅地等の特例の適用を受けたい

事例

私は先代から複数の土地を相続しております。自宅，貸宅地，貸家建付地，駐車場用地，同族の不動産管理会社所有の建物の敷地，別荘など，色々な利用形態での多くの土地があります。小規模宅地等の適用については，単価が高い土地について適用を受けることが税額的には有利と考えておりますが，単価以外の考え方や留意点があれば教えてください。

解説

小規模宅地等の特例は，適用にあたっては限度面積があるため，被相続人が複数の土地を所有している場合，単価の高い土地について優先的に適用させることが有利と考えられる。

単価以外で留意すべきは，前述の3年以内に新たに貸付を開始した貸付事業用宅地等の確認のほか，①単価の高い順で選択しない方が有利な場合，②特定居住用の特例は適用可能かどうかの確認，③貸付事業用の適用要件を満たすか，④遺産分割がもめている場合の一部分割，などが挙げられる。

1 小規模宅地等の特例（措法69の4）

小規模宅地等の特例には，特定事業用宅地等，特定同族会社事業用宅地等，

特定居住用宅地等，貸付事業用宅地等といった種類があり，それぞれ限度面積と減額される割合が決まっている。実務的には，複数の土地を所有している場合の小規模宅地等の特例の適用については，限度面積に達するまで，単価の高い土地から適用を受けることが一般的である。

例えば，特定居住用宅地等と貸付事業用宅地等を併用して選択する場合の限度面積の計算と単価の有利計算は下記の通りである。

□　限度面積の計算：居住用面積×200/330＋貸付用面積≦200m^2

□　単価の有利計算：居住用 330m^2×80％＝264 ： 貸付用 200m^2×50％＝100

∴　居住用 m^2 単価×2.64 倍が貸付用 m^2 単価以上であれば居住用が有利

【具体的な計算例】

居住用宅地等：単価 500 千円，165m^2，相続税評価 82,500 千円

貸付事業用宅地等：単価 1,000 千円，200m^2，相続税評価 200,000 千円

単価比較：500 千円×2.64＝1,320 千円＞1,000 千円　∴居住用有利

限度面積の計算：200m^2－165m^2×200/330＝100m^2　∴貸付事業用で 100m^2 適用可能

小規模宅地等の減額分の計算：

□　特定居住用→ 500 千円×165m^2×80％＝66,000 千円

□　貸付事業用→ 1,000 千円×100m^2/200m^2×50％＝50,000 千円

□　合計　116,000 千円

※　貸付事業用を優先的に適用した場合→ 1,000 千円×200m^2×50％
＝100,000 千円

2　単価の高い順で選択しない方が有利な場合

小規模宅地等の特例は納税者が選択した宅地について適用があるため，基本的には 1 のように単価が高い方から優先的に適用を受けた方が有利であるが，

配偶者がいる場合や2割加算者がいる場合には必ずしもそうならない場合があるため留意が必要である。

＜前提＞

・将来の推定相続人：配偶者，長男　計2名

・財産：土地（自宅：82,500千円（@500，165m^2），更地90,000千円，貸家建付地200,000千円（@1,000，200m^2）），その他1億5,000万円

・分割方針：配偶者が自宅とその他5,000万円，長男が更地，貸家建付地，その他1億円を相続する。

自宅と貸家建付地については**1**の例と同じ数字であるが，有利な単価の方で小規模宅地等を適用すると，自宅から優先的に小規模宅地等を適用することになり，計算すると下記の通りとなる。

【財産目録】

（単位：千円）

相続財産の内容							相続人		備考
No.		種類	財産形態	数量等	単価	相続税評価額	配偶者	長男	
1	1	土地	自宅	165.00m^2	500	82,500	82,500		
			更地	150.00m^2	600	90,000		90,000	
			貸家建付地	200.00m^2	1,000	200,000		200,000	
			小規模宅地等の特例による減額			−116,000	−66,000	−50,000	
		小計				256,500	16,500	240,000	
2	1	預貯金等				150,000	50,000	100,000	
		小計				150,000	50,000	100,000	
3	1	債務	未払金 等						
		小計				0	0	0	
4	1	葬式費用	葬儀費用 等				0		
		小計				0	0	0	
相続財産合計額						406,500	66,500	340,000	
取得割合							16.36%	83.64%	
差引税額						111,800	18,290	93,510	
配偶者の税額軽減						−18,290	−18,290	0	
相続税額（百円未満切捨）						93,510	0	93,510	

配偶者は税額軽減により，法定相続分（又は1.6億円）までは非課税となるため，仮に長男が相続する貸家建付地について優先的に小規模宅地等を受けた場合の計算は下記の通りである。

【財産目録】

（単位：千円）

相続財産の内容							相続人		備考
No.		種類	財産形態	数量等	単価	相続税評価額	配偶者	長男	
1	1	土地	自宅	165.00m^2	500	82,500	82,500		
			更地	150.00m^2	600	90,000		90,000	
			貸家建付地	200.00m^2	1,000	200,000		200,000	
			小規模宅地等の特例による減額			−100,000	0	−100,000	
		小計				272,500	82,500	190,000	
2	1	預貯金等				150,000	50,000	100,000	
		小計				150,000	50,000	100,000	
3	1	債務	未払金 等						
		小計				0	0	0	
4	1	葬式費用	葬儀費用 等				0		
		小計				0	0	0	
相続財産合計額						422,500	132,500	290,000	
取得割合							31.36%	68.64%	
差引税額						118,200	37,067	81,133	
配偶者の税額軽減						−37,067	−37,067	0	
相続税額（百円未満切捨）						81,133	0	81,133	

小規模宅地等の減額を単価計算では不利である貸家建付地について優先的に適用したが，最終的な長男の税額は93,510千円から81,133千円に減少した。本例はもちろんそのような結果になるように作成しているが，重要なこととしては，小規模宅地等の適用について複数の土地がある場合には，必ずしも単価の有利計算のみでシミュレーションを終わらせずに，配偶者の有無，2割加算者の有無，遺産分割の方法に応じて検証が必要であることを認識すべきである。

なお，2020年4月1日以降は，配偶者居住権を設定することができる。特定居住用宅地等にかかる小規模宅地等の適用については，上記の選択する宅地の検討や二次相続の税額だけでなく，「配偶者居住権」と「負担付き所有権」に分けて相続することも追加的に検討する必要がある。

3　特定居住用の特例は適用可能かどうかの確認

特定居住用に該当するかどうかについては，昨今の税制改正により改正している点が多いため，過去にシミュレーションや検討をしたままになっている場合には，現状で適用ができるかどうかについて見直しをした方がよいと考えられる。実務上で留意すべき事項は下記のような点である。

概要	留意点
①二世帯住宅に同居している	家屋が区分登記されていないか
②被相続人が老人ホームに入居している	形式要件を満たしているか （一定の老人ホームに該当するか，被相続人が要介護等の認定を受けていたか）
③自宅取得予定者が3年内家なき子で特例適用予定である	取得者又は取得者の配偶者だけでなく，3親等の親族や同族法人等の所有する家屋に居住していないか （2020年3月31日までは経過措置あり）

それぞれ相続発生前であれば対策も検討できることがある。①で区分登記がされている場合には，合併登記や合体登記で一棟の家屋に登記することが考えられる。②で要介護等の状態にもかかわらず認定を受けていない場合には，早急に認定を受けた方がよいであろう。③については，取得者が住居を変更することはかなり難しいと考えられるが，賃貸に引っ越すか同居をするかといったことが考えられる。よって，何年か前に税額のシミュレーションをして遺言等で分割案を作成しているような場合には，改正点について見直しをした方がよい。

4 貸付事業用の適用要件を満たすか

貸付事業用の要件は，相続開始の直前において被相続人の貸付事業の用に供されていた宅地等で，その取得者がその貸付事業を相続税の申告期限までに引継ぎ，貸付を継続し，その土地を保有していることである。

実務上，留意すべきことは下記のような点である。

□ 被相続人が貸付をしていたが，過去の確定申告をしていなかった。

→貸付事業用に該当すると考えられるが，過年度の所得税について修正申告（期限後申告）をすべきである。

□ 被相続人はその宅地を子Aの自宅として賃貸していたが，その子Aがその宅地等を相続した。

→その宅地は子Aの自宅となるため，貸付が継続しないこととなり，小規模宅地等の適用を受けることができない。適用を受けるためには他の相続人が相続し，子Aは家賃を支払い続けることが考えられるが，あまり現実的ではないと思われる。

上記の他，Q8の新たに貸付事業を開始した場合の取扱いについても留意が必要である。

5 遺産分割がもめている場合

遺産分割がもめていて相続税の申告期限までに遺産分割協議が整わない場合には，未分割により申告をすることになる。相続税の申告期限までに遺産が未分割の場合には，当然に小規模宅地等の適用を受けることはできない。ただし，仮に複数の土地がある場合で，単価が一番高い宅地は共有で相続することが決まっているような場合には，その宅地だけ遺産分割協議により分割を確定し（一部分割），その部分だけ小規模宅地等の適用を受けることにより，納税額を抑えることができる。また，小規模宅地等で限度面積を使い切っており，かつ，配偶者がいない場合には，配偶者の税額軽減を分割確定後に受けることもないため，「申告期限後３年以内の分割見込書」の提出も必要ないと想定される。

著者紹介

伊藤　健司
辻・本郷税理士法人　法人ソリューション部統括部長。2005年税理士登録，2008年に辻・本郷税理士法人入所。法人ソリューション部に所属し，主に資産税や事業承継対策，法人顧問の税務に取り組んでいる。顧客向セミナーや金融機関でのセミナーも行っている。

著者との契約により検印省略

令和2年3月10日　初　版　発　行

Q&A
不動産オーナーの相続対策

著　者　伊　藤　健　司
発行者　大　坪　克　行
印刷所　美研プリンティング株式会社
製本所　牧製本印刷株式会社

発行所　〒161-0033 東京都新宿区下落合2丁目5番13号　株式会社 税務経理協会
振　替　00190-2-187408　電話 (03)3953-3301（編集部）
FAX (03)3565-3391　(03)3953-3325（営業部）
URL http://www.zeikei.co.jp/
乱丁・落丁の場合は，お取替えいたします。

ISBN978-4-419-06679-6 C3032